Premiers soins pour mon CHAT

Publié pour la première fois aux États-Unis en 2020 sous le titre *First Aids for Cats* par Metro Books, New York. (Starling publishing Co., Inc.)

Illustrateur : Rob Brandt

Traduction française : Athénaïs Ropéro

Edition française : Graph'M

Dépôt légal : janvier 2021

ISBN : 978-2-501-12480-5

CODIF : 7290747

Imprimé en Chine en octobre 2020

MIXTE
Papier issu de sources responsables
FSC® C016973

Premiers soins pour mon CHAT

Tout ce que vous devez savoir en cas d'urgence

Jennifer Parker

MARABOUT

SOMMAIRE

1 UN CHAT EN BONNE SANTÉ

2 PREMIERS SOINS DE BASE

3

PREMIERS SOINS D'URGENCE

4

ANNEXES

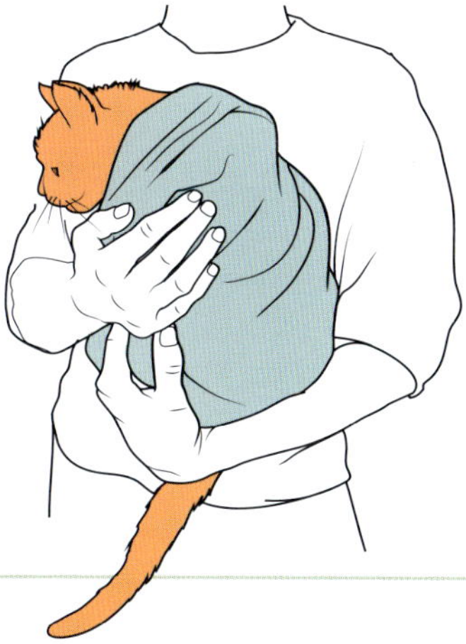

À PROPOS DE CE LIVRE

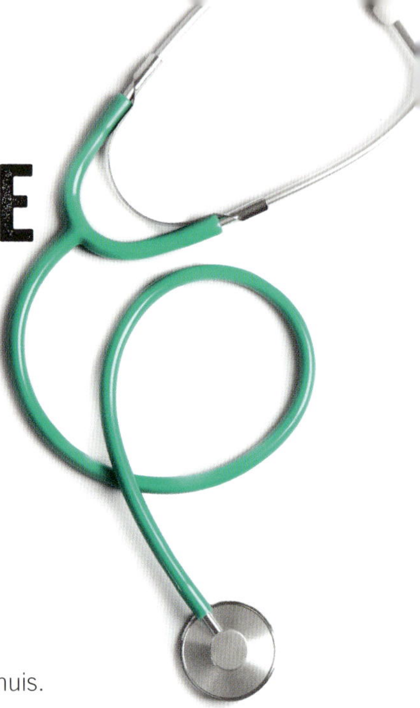

Ce livre constitue un guide de premiers secours pour vous aider à répondre au mieux à un problème médical rencontré par votre chat, que ce soit une petite égratignure ou une urgence vitale. Parcourez-le pour vous familiariser avec les principes de base des premiers soins et de la prévention des blessures. Gardez-le près de la trousse à pharmacie de votre chat afin de l'avoir à portée de main.

Les chats sont de nature curieuse, ce qui peut leur attirer des ennuis. Il y a des chances qu'un jour votre chat se blesse ou tombe malade, et même si ce n'est pas votre premier chat, vous ne saurez pas toujours quelle est la meilleure façon d'agir. Ce livre permet d'écarter les incertitudes, pour vous aider à réagir au plus vite et au mieux.

Ci-dessus : les premiers secours peuvent aider à stabiliser l'état de votre chat, mais les situations peuvent très vite évoluer. En cas de doute, emmenez-le impérativement chez le vétérinaire.

Pour savoir quels sont les premiers secours à apporter à votre animal en fonction de la situation, il vous suffit de consulter la partie concernée : vous y trouverez une procédure expliquée par étape et facile à suivre.

Ce livre est aussi une source d'informations utiles pour que vos chats restent en bonne santé. Des conseils nutritionnels aux astuces pour donner des médicaments, en passant par le sauvetage, cet ouvrage est un outil incontournable pour les propriétaires de chats.

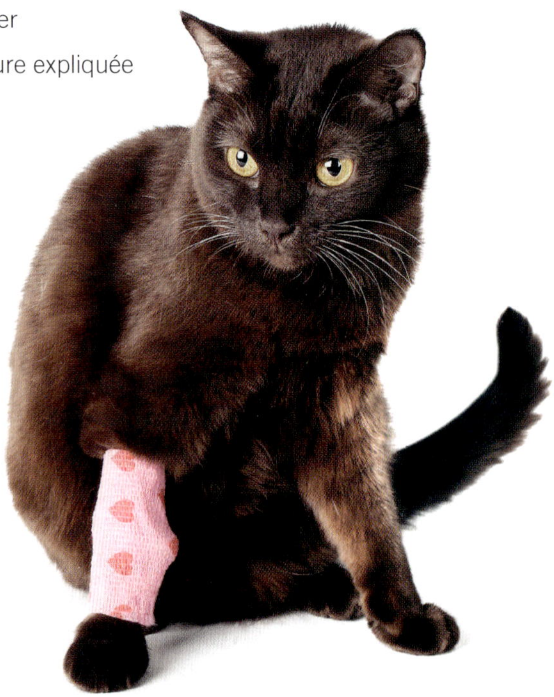

Ci-contre : utilisez ce livre pour apprendre les étapes à suivre dans différents cas de figure et offrez à votre chat la chance d'être soigné au mieux.

Ci-contre : à la maison, pensez à intégrer des petits contrôles de santé réguliers à votre routine afin de vous assurer de remarquer tout problème dès qu'il survient.

Ci-dessus : assez tôt, apprenez à votre chat à prendre l'habitude d'être manipulé. Il sera alors plus à l'aise si vous avez besoin de l'ausculter en cas de signes de blessure ou de maladie.

LES PREMIERS SECOURS

Dans ce livre, le terme « premiers secours » se réfère à une aide d'urgence à un chat blessé ou tombé soudainement malade. N'oubliez pas que, dans la plupart des cas, les premiers secours sont un ensemble d'étapes préliminaires pour stabiliser l'animal avant de l'emmener chez le vétérinaire. En cas de doute concernant la nécessité de soins médicaux, optez pour la prudence et emmenez votre chat chez le vétérinaire pour un contrôle.

Quand nous parlons des animaux, nous utilisons le terme « signes ». Ce sont les choses que vous pouvez voir, palper, entendre ou sentir. Nous n'utilisons pas le terme « symptômes », car il désigne les ressentis du patient. Comme les animaux ne peuvent pas s'exprimer verbalement, nous ne pouvons pas savoir exactement ce qu'ils ressentent.

COMMENT UTILISER CE LIVRE

PARTIE 1

Rendez-vous dans la Partie 1 pour retrouver des conseils généraux afin de garder votre chat en bonne santé. Vous y trouverez des informations sur les soins quotidiens, le choix du régime alimentaire, les soins pour maintenir votre chat en forme, la prévention des parasites et ce qu'il faut faire quand il devient vieux, ainsi que diverses suggestions pour que votre chat mène une vie saine et heureuse.

Pour bien vous préparer en cas de premiers secours à prodiguer à votre chat, continuez avec la Partie 2.

Nos schémas et illustrations peuvent vous servir à acquérir une connaissance approfondie des caractéristiques uniques de l'anatomie féline.

Étudiez les bases de l'anatomie du chat pour mieux comprendre le fonctionnement de son corps, et comment répondre à ses besoins en matière de santé.

PARTIE 1

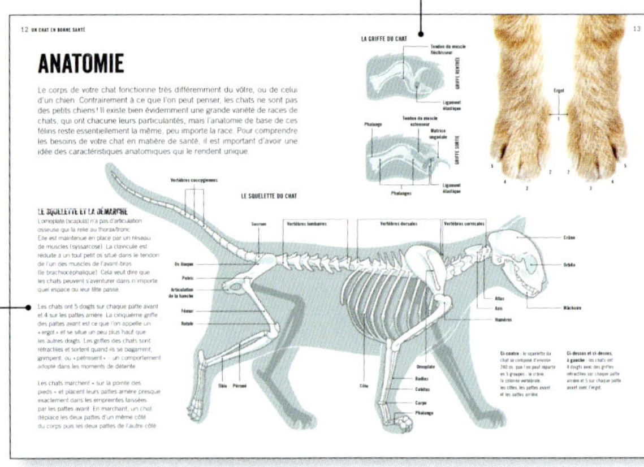

Retrouvez les informations clefs pour garder votre chaton ou chat adulte en bonne santé à la maison.

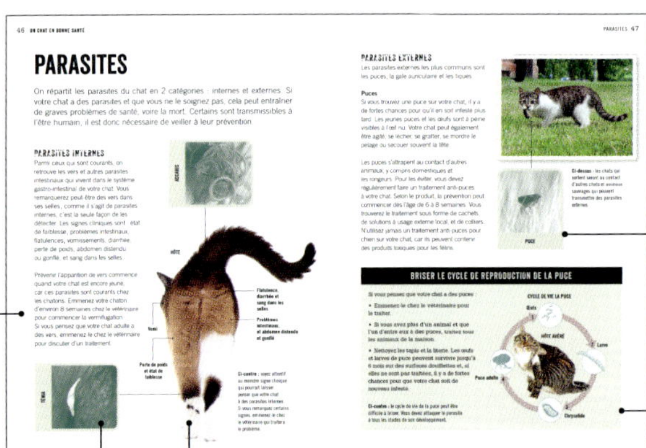

Apprenez pourquoi les chats souffrent de certains problèmes de santé courants et comment les traiter.

Référez-vous aux encadrés d'informations complémentaires pour en apprendre plus au sujet d'un problème de santé en particulier.

Les problèmes récurrents sont décomposés en plusieurs étapes et étudiés en détails pour vous permettre de savoir quels sont les signes à guetter.

PARTIE 2

Retrouvez toutes les informations nécessaires pour préparer la trousse à pharmacie de votre chat et comment lui éviter de se blesser dans et autour de la maison.

Chaque étape est détaillée pour que tout se passe au mieux pour votre chat.

Le symbole de croix vous permet d'accéder rapidement aux informations essentielles pour réagir en cas d'urgence.

Nous parlons de la préparation aux situations d'urgence, notamment de ce qu'il faut faire avec votre chat si une catastrophe naturelle est prévue.

PARTIE 3

Description des signes cliniques de chaque blessure ou maladie.

Référez-vous aux notes où vous trouverez des conseils essentiels en cas d'urgence.

RÉPERTOIRE DES SOINS

Voir page 184

PARTIE 2

Dans la Partie 2, nous vous expliquons comment examiner votre chat à la recherche de blessures ou de maladies. Vous apprendrez à manipuler un chat blessé, vérifier ses fonctions vitales et détecter quand il souffre. Nous abordons aussi des situations de premiers secours courantes et vous expliquons comment savoir quand il faut appeler le vétérinaire. Vous trouverez des conseils pour transporter de votre animal chez le vétérinaire.

La Partie 2 contient également des conseils de soin pour aider votre chat à récupérer après une blessure ou une maladie soudaine. Nous proposons des astuces pour qu'il prenne correctement ses médicaments.

PARTIE 3

Vous y trouverez un répertoire de premiers secours. Nous y donnons des conseils aux problèmes que les chats peuvent rencontrer, des piqûres d'abeille à l'électrocution. Pour chaque blessure ou maladie, nous décrivons les signes cliniques et détaillons les différentes étapes à suivre pour que tout se passe au mieux pour votre animal.

Des pas-à-pas vous aideront à faire face aux situations d'urgence. Vous disposez ainsi d'une vue globale des mesures à prendre et d'un accès rapide aux informations nécessaires en cas d'urgence, ainsi que de conseils pour fabriquer des colliers ou caisses de transport d'urgence.

1

UN CHAT EN BONNE SANTÉ

ANATOMIE

Le corps de votre chat fonctionne très différemment du vôtre, ou de celui d'un chien. Contrairement à ce que l'on peut penser, les chats ne sont pas des petits chiens ! Il existe bien évidemment une grande variété de races de chats, qui ont chacune leurs particularités, mais l'anatomie de base de ces félins reste essentiellement la même, peu importe la race. Pour comprendre les besoins de votre chat en matière de santé, il est important d'avoir une idée des caractéristiques anatomiques qui le rendent unique.

LE SQUELETTE ET LA DÉMARCHE

L'omoplate (scapula) n'a pas d'articulation osseuse qui la relie au thorax/tronc. Elle est maintenue en place par un réseau de muscles (syssarcose). La clavicule est réduite à un tout petit os situé dans le tendon de l'un des muscles de l'avant-bras (le brachiocéphalique). Cela veut dire que les chats peuvent s'aventurer dans n'importe quel espace où leur tête passe.

Les chats ont 5 doigts sur chaque patte avant et 4 sur les pattes arrière. La cinquième griffe des pattes avant est ce que l'on appelle un « ergot » et se situe un peu plus haut que les autres doigts. Les griffes des chats sont rétractiles et sortent quand ils se bagarrent, grimpent, ou « pétrissent » – un comportement adopté dans les moments de détente.

Les chats marchent « sur la pointe des pieds » et placent leurs pattes arrière presque exactement dans les empreintes laissées par les pattes avant. En marchant, un chat déplace les deux pattes d'un même côté du corps puis les deux pattes de l'autre côté.

LE SQUELETTE DU CHAT

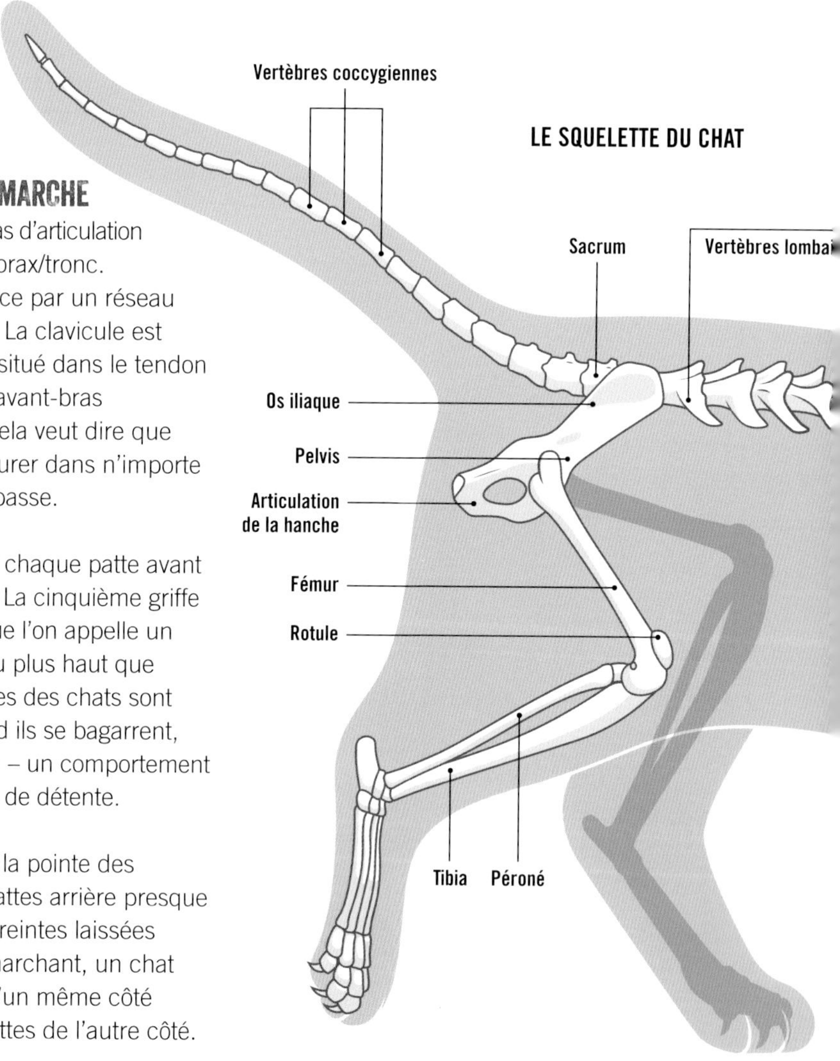

LA GRIFFE DU CHAT

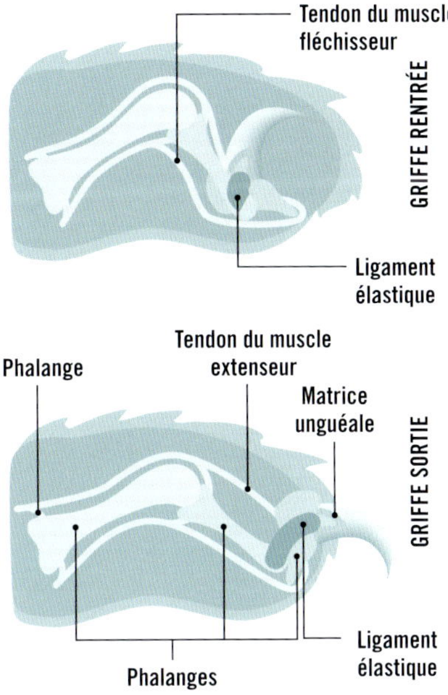

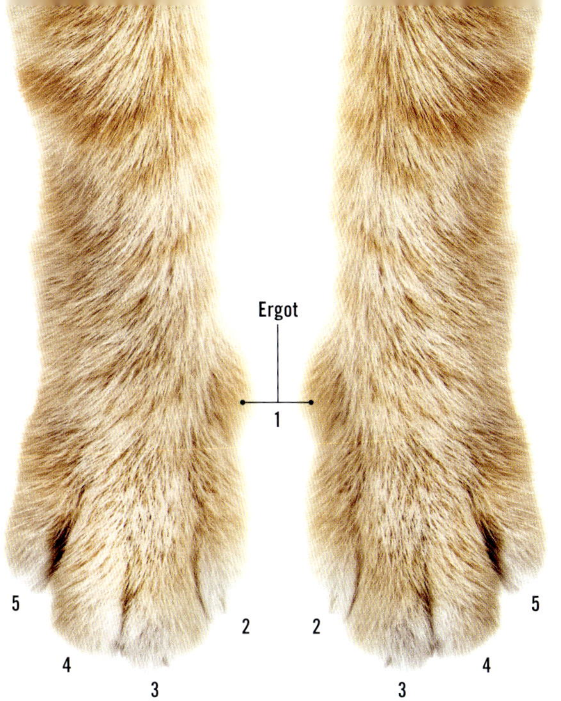

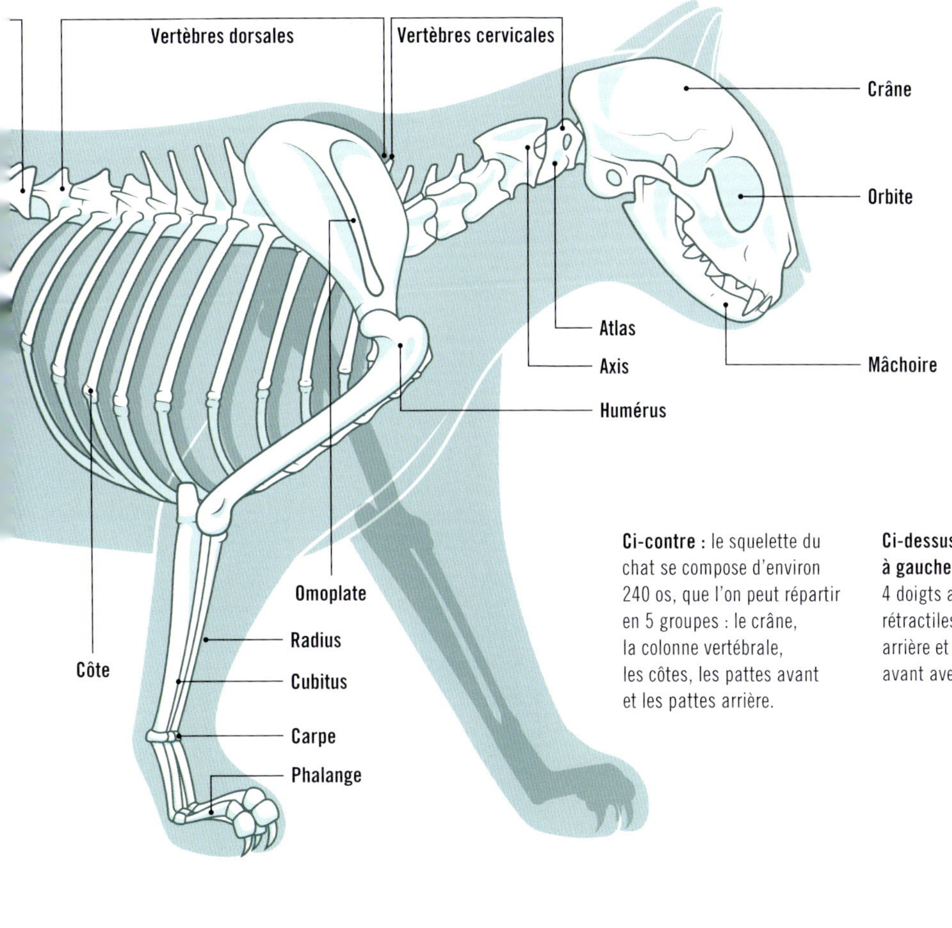

Ci-contre : le squelette du chat se compose d'environ 240 os, que l'on peut répartir en 5 groupes : le crâne, la colonne vertébrale, les côtes, les pattes avant et les pattes arrière.

Ci-dessus et ci-dessus, à gauche : les chats ont 4 doigts avec des griffes rétractiles sur chaque patte arrière et 5 sur chaque patte avant avec l'ergot.

LE SYSTÈME DIGESTIF

Avec de très grosses orbites et une mâchoire destinée à manger des petites proies, le crâne du chat est particulier. Les chats sont des carnivores stricts, ce qui veut dire que pour qu'ils soient en bonne santé, leur alimentation doit être particulièrement riche en viande. Leurs reins sont très efficaces et ils n'ont pas besoin de boire beaucoup d'eau.

Le système digestif du chat, qui est radicalement différent de celui des chiens, est une partie du corps qu'il est important de connaître. Les chats ont des dents de carnivore acérées et leur langue est râpeuse, ce qui les aide à manger de la viande. Dans la nature, la viande représente l'essentiel, voire la totalité, de l'alimentation d'un chat. De ce fait, leur gueule n'est pas adaptée aux glucides. Les chats ne goûtent pas le sucré et peinent à digérer le lactose.

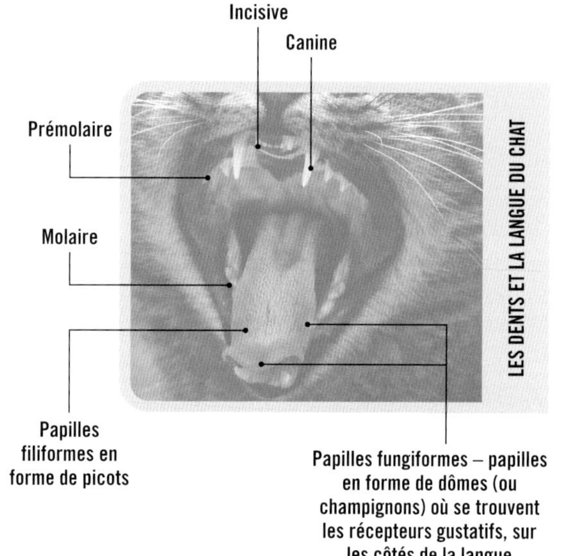

LE SYSTÈME DIGESTIF DU CHAT

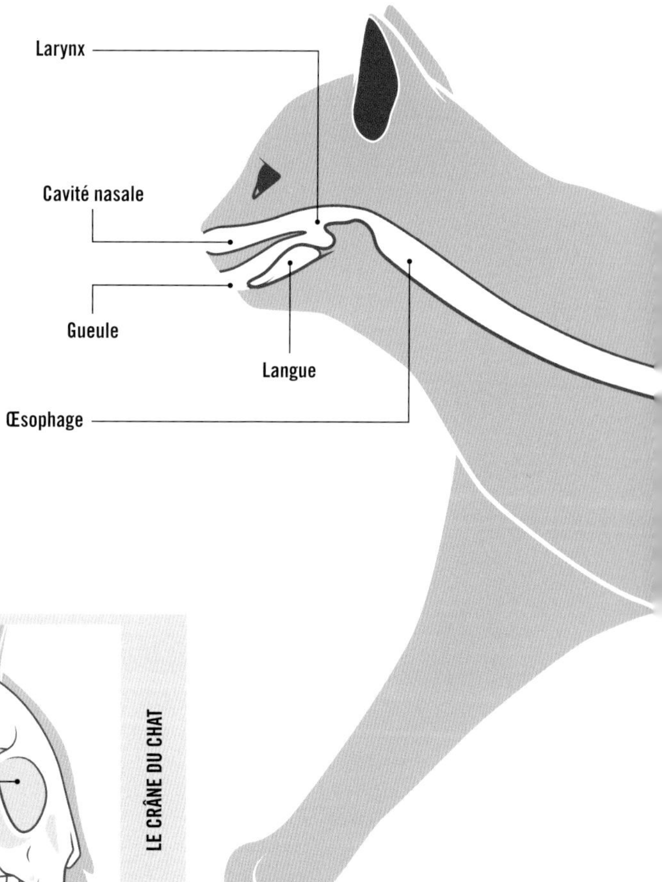

En haut, à droite : avec ses dents de carnivore acérées et sa langue râpeuse, la gueule du chat est très bien adaptée à une alimentation riche en viande.

Ci-dessous : le crâne du chat a des particularités uniques qui lui permettent d'améliorer ses aptitudes pour la chasse, notamment de grandes orbites et une mâchoire avec une très grande amplitude d'ouverture.

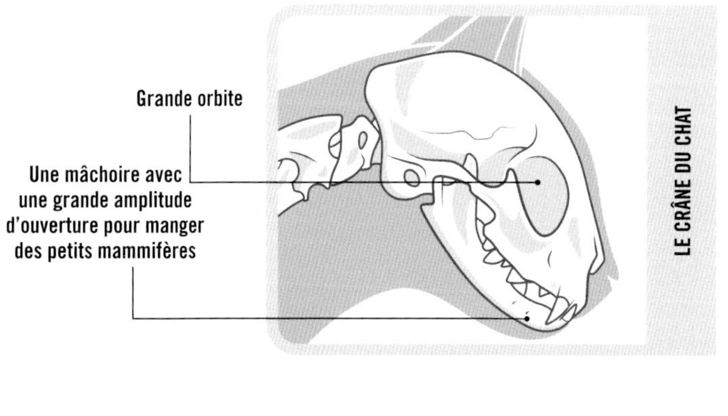

Le système digestif des chat est court. Cela les aide à rester légers et rapides, et donc à être des chasseurs efficaces. Les félins ont impérativement besoin de certaines vitamines et minéraux que l'on trouve dans la viande, car, contrairement à d'autres animaux, leur corps n'est pas capable de les synthétiser à partir d'autres nutriments. Avec des besoins élevés en protéines, cela en fait des carnivores stricts qui ne peuvent pas survivre avec une alimentation végétarienne.

Ci-dessus : très jeunes, les chats apprennent spontanément à chasser des proies qui, dans la nature, sont généralement des petits mammifères et des oiseaux.

Les chats ne digèrent pas les poils, mais comme ils font leur toilette en se léchant, beaucoup finissent dans leur système digestif. C'est pour cela qu'il peut leur arriver de recracher des « boules de poils ».

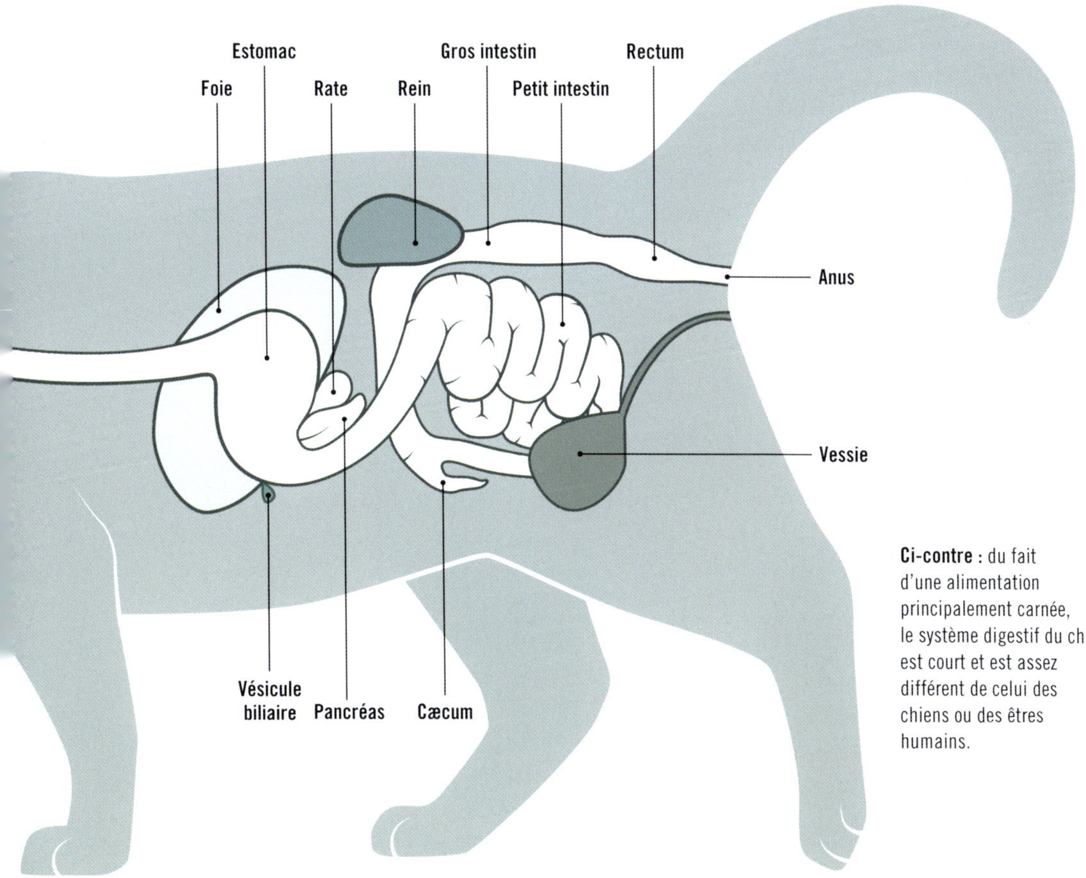

Ci-contre : du fait d'une alimentation principalement carnée, le système digestif du chat est court et est assez différent de celui des chiens ou des êtres humains.

LES SENS

Grâce à leurs grandes oreilles aux pointes tournées vers l'avant, les chats ont une très bonne audition. Ils sont capables de mouvoir chacune d'elles indépendamment, ce qui leur permet d'avoir une audition directionnelle. Les oreilles sont également importantes pour communiquer (voir page 32).

Le museau est lui aussi indispensable à la communication puisque les chats communiquent entre eux grâce à la sécrétion d'odeurs. Ils sont bien plus sensibles aux odeurs que les êtres humains. L'organe de Jacobson, situé au niveau du palais, joue un rôle important pour les aider à analyser les odeurs.

À gauche : en plus d'être importante pour l'équilibre, la queue du chat est un outil de communication. Une queue qui remue indique par exemple que le chat est agacé. Lorsque son extrémité est recourbée, c'est une manière pour lui de dire bonjour.

Ci-dessus : avec une audition directionnelle, un odorat redoutable, de longues moustaches et des yeux capables de voir dans l'obscurité, les sens du chat se sont affûtés pour en faire un très bon chasseur.

Ci-dessous : le chat peut très largement dilater ses pupilles, ce qui le rend capable d'attraper des proies même dans l'obscurité.

Les moustaches sont sensibles au toucher et sont utilisées pour identifier des objets, de même que pour déterminer les changements de courant de l'air ou les mouvements. Leur longueur correspond généralement à la largeur du corps, pour que le chat puisse déterminer s'il peut ou non se glisser dans un espace. La queue est un autre outil de communication utile, même si sa fonction principale est d'assurer l'équilibre.

Les yeux des chats voient très bien dans le noir : ils peuvent dilater leurs pupilles presque entièrement et ont une fine couche de cellules derrière la rétine qui réfléchit la lumière dans l'œil. Dans la nature, les chats sont plus actifs à l'aube et au crépuscule, cette faculté leur permet donc d'attraper des proies dans l'obscurité.

Ci-dessus : la peau est lâche sur différentes zones du corps pour différentes raisons, notamment : protéger les chats lors des bagarres et permettre à la maman chat de déplacer sa progéniture.

LES PARTIES GÉNITALES

Les chats femelles ont un vagin long et fin, avec l'anus situé juste au-dessus ; vu de derrière, le tout ressemble à un point-virgule [;]. Les chats mâles ont 2 petits testicules situés sous l'anus. Le pénis est situé en dessous des testicules. Celui-ci est rugueux ; on pense que ces petits picots stimulent l'ovulation quand le mâle retire son pénis du vagin pendant l'accouplement.

LA PEAU

Les chats ont une peau lâche qui leur permet de se bagarrer. Elle l'est particulièrement au niveau de la nuque. C'est d'ailleurs par la peau du cou qu'une maman chat attrape sa progéniture pour la déplacer. Certains chats peuvent aussi avoir la peau flasque au niveau du ventre. On pense que cela apporte une forme de protection pendant les bagarres, en plus d'être un espace supplémentaire si l'estomac a besoin de se distendre pour accommoder un repas particulièrement copieux.

Ci-dessus : la maman chat attrape son chaton par la peau du cou – une zone lâche au niveau de la nuque de son petit.

RÉGULATION THERMALE

Pour se refroidir, les chats évacuent l'air humide par la gueule. Contrairement aux êtres humains, les chats ne transpirent presque pas ; ils n'ont pas non plus l'habitude de haleter pour faire baisser leur température corporelle, même s'il leur arrive de le faire quand il fait vraiment très chaud. Ils peuvent aussi se refroidir en se léchant le poil, l'évaporation qui s'en suit fait office de transpiration.

SANTÉ DENTAIRE

Veiller à la bonne santé des dents doit faire partie de la routine soin de votre chat. Vérifiez ses dents régulièrement et instaurez un brossage régulier dès le plus jeune âge.

HYGIÈNE DENTAIRE GÉNÉRALE

Comme les humains, les chats peuvent souffrir de maladies buccodentaires, il est donc important de surveiller leur santé buccale. Le brossage des dents est la meilleure façon d'éviter la formation de plaque dentaire et les problèmes qui peuvent en découler.

Vous devez également amener votre chat chez le vétérinaire pour une visite annuelle. Le vétérinaire vérifiera ses dents et vous conseillera peut-être de l'amener pour un détartrage qui a lieu sous anesthésie et peut nécessiter une radio. C'est une pratique assez courante puisque les maladies buccodentaires sont souvent localisées sous la gencive. Celles-ci peuvent alors causer des lésions douloureuses, voire impliquer un arrachage de dents.

Ci-contre : pour identifier la formation de plaque dentaire et tout signe de maladie buccodentaire à un stade précoce, vérifiez régulièrement la santé buccodentaire de votre chat.

SCHÉMA DENTAIRE

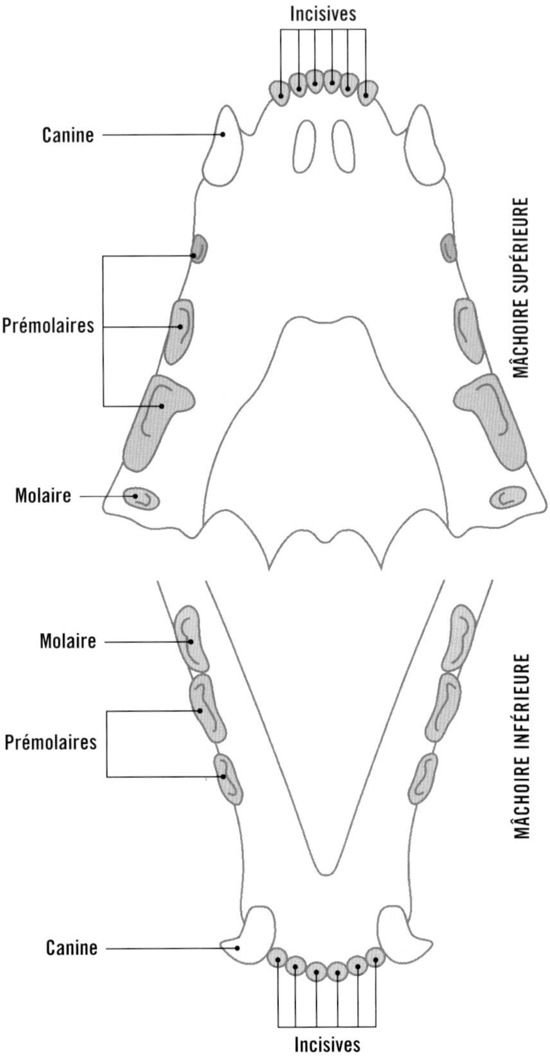

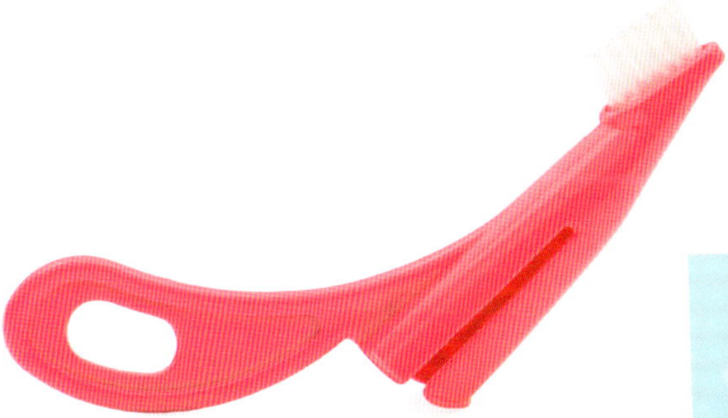

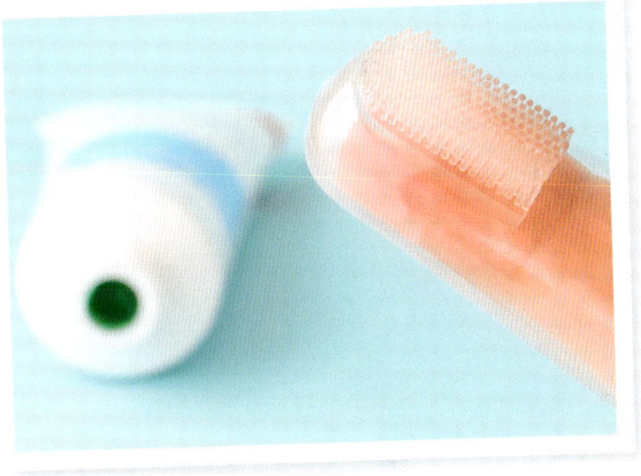

NETTOYER LES DENTS DE VOTRE CHAT

Tous les chats ne supportent pas qu'on leur lave les dents, mais si le vôtre coopère, cela peut être une bonne manière d'entretenir son hygiène buccodentaire. Si vous avez un jeune chat, il peut s'habituer assez rapidement à cette routine. Demandez à votre vétérinaire qu'il vous montre comment nettoyer les dents de votre chat à la maison – certains professionnels de santé animale conseillent de le faire tous les jours à la même heure.

Pour nettoyer les dents de votre chat à la maison, vous aurez besoin d'une brosse à dents et de dentifrice pour chats. N'utilisez pas votre propre dentifrice car il contient des produits chimiques qui peuvent être nocifs pour la santé des chats : contrairement aux êtres humains, les chats avalent le dentifrice qu'ils ont dans la gueule. Ils n'aiment pas non plus le goût des dentifrices pour humain, ceux pour chats sont donc spécialement conçus pour qu'ils les apprécient.

Pour la brosse à dents, optez pour une petite brosse souple. Vous pouvez également utiliser une brosse à dents doigtier en caoutchouc, mais faites attention à ne pas vous faire mordre. Si vous avez plus d'un chat, chacun doit avoir sa propre brosse à dents pour éviter aux infections de se propager.

Ci-dessus : il existe différentes formes et tailles de brosses à dents pour chat, certaines ont des manches incurvés et d'autres s'enfilent sur le doigt.

Ci-contre : habituer son chat au brossage de dents à la maison est un processus progressif qu'il est bien de commencer quand il est encore jeune.

BROSSER LES DENTS DE VOTRE CHAT

Habituer son chat à une routine de brossage de dents est un processus progressif qu'il ne faut pas précipiter. Pour qu'il se familiarise avec le fait de se faire toucher la gueule, suivez ces étapes :

1 Proposez un peu de dentifrice à votre chat au doigt. Répétez ce geste plusieurs fois par jour pendant quelques jours.

2 Entraînez-vous à maintenir fermement sa tête quand il dort pour vous habituer au brossage de dents.

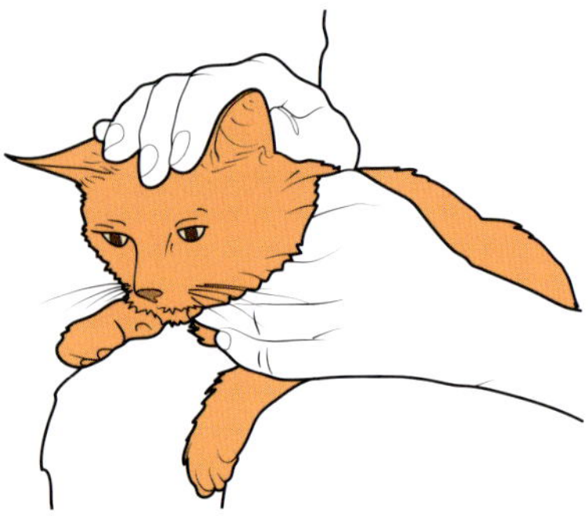

3

4

3 Mettez-le sur vos genoux dos à vous et placez une paume à l'arrière de sa tête.

4 À l'aide du pouce et de l'index, maintenez sa tête sous les yeux au niveau des pommettes. D'un mouvement ferme, mais doux, inclinez-lui la tête en l'air.

5

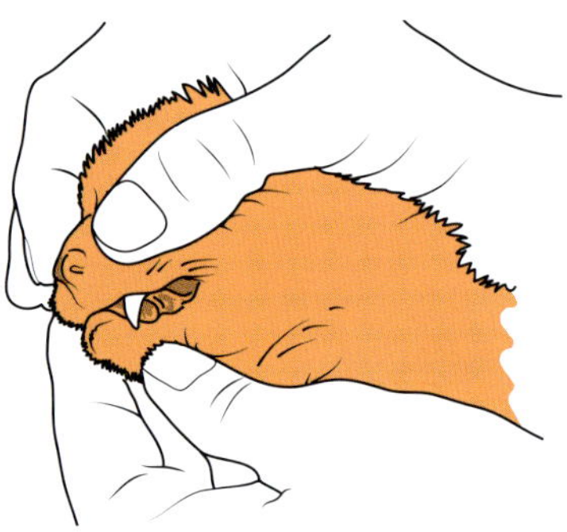

6

5 À l'aide du pouce, soulevez délicatement la lèvre supérieure.

6 Avec l'autre main, tirez doucement sur la lèvre inférieure pour voir sa dentition.

NOTE :

Si une personne peut vous aider, elle peut immobiliser les pattes de votre chat. Si vous êtes seul et qu'il se tortille, vous pouvez tenter de l'envelopper dans un linge.

Au début, il est possible que les gencives de votre chat saignent un peu, mais cela devrait s'arrêter avec l'habitude.

7 Pendant les jours suivants, continuez de vous entraîner à tenir votre chat comme décrit ci-contre, mais en mettant un peu de dentifrice sur un coton-tige pour en appliquer sur ses dents en commençant par le fond.

UTILISER UNE BROSSE À DENTS

Quand votre chat s'est habitué à ce processus, commencez à utiliser une brosse à dents pour les lui nettoyer :

1 Appliquez un peu de dentifrice sur la brosse à dents ou la brosse doigtier.

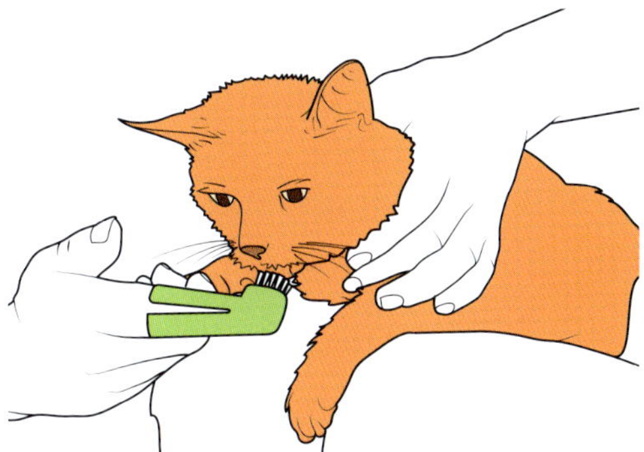

1

2 Frottez les dents en faisant des mouvements circulaires.

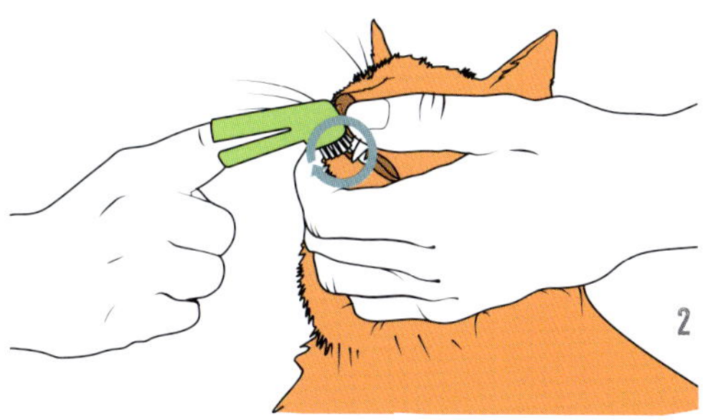

2

3 Commencez par les dents du fond puis revenez sur le devant.

4 Augmentez progressivement le temps de brossage jusqu'à atteindre environ 40 secondes par côté.

Tout à gauche : les bâtonnets à mâcher peuvent être utilisés en plus du brossage pour réduire la formation de plaque dentaire.

Gauche : vous trouverez du bain de bouche dans les animaleries et chez le vétérinaire.

En dessous, à gauche : incorporez des aliments secs à l'alimentation de votre chat peut contribuer à sa bonne santé buccodentaire.

ALTERNATIVES AU BROSSAGE DE DENTS

Si votre chat ne supporte pas que vous lui brossiez les dents, il existe d'autres façons de maintenir son hygiène buccodentaire. L'alimentation peut jouer un rôle important : passer d'une alimentation humide à solide, ou à un mélange des deux, peut être bénéfique. Avant de changer d'alimentation, demandez conseil à votre vétérinaire pour vous assurer qu'il n'y aura d'effets négatifs sur d'autres aspects de la santé de votre chat.

Les bâtonnets à mâcher ne sont pas aussi efficace qu'un brossage, mais ils peuvent contribuer à réduire la formation de plaque dentaire.

BAIN DE BOUCHE POUR CHAT

Les animaleries et cliniques vétérinaires proposent également des bains de bouche pour chat à base de chlorhexidine, qui peuvent contribuer à garder une gueule propre.

Faites un rinçage quotidien après chaque repas ou selon les indications de votre vétérinaire.

1 Soulevez délicatement la lèvre supérieure pour découvrir les dents et les gencives du chat (voir page 20).

2 La plupart des bains de bouche sont munis d'un embout. Visez et pressez pour appliquer un léger filet le long de la gencive.

Le bain de bouche à base de chlorhexidine se répand rapidement et permet de recouvrir la totalité de la cavité buccale, même les zones difficiles à atteindre.

À droite : si votre chat n'a pas de routine d'hygiène dentaire efficace et régulière, il est susceptible de développer des maladies comme une gingivo-stomatite chronique féline (GSCF).

À gauche : chez les chats, les maladies buccodentaires peuvent être très graves. Si vous remarquez des changements au niveau de la dentition de votre chat, comme de la bave, emmenez-le chez le vétérinaire.

Ci-dessous : les dents cassées ou qui bougent sont un problème courant chez le chat et nécessitent un suivi vétérinaire.

QUAND ALLER CHEZ LE VÉTÉRINAIRE

Pensez à examiner la gueule de votre chat tous les mois pour vérifier qu'il n'a pas de problèmes aux dents ou aux gencives. Si vous remarquez l'un des signes suivants, emmenez-le chez le vétérinaire :

- Bave
- Mauvaise haleine
- Abcès
- Gencives rouges, gonflées ou qui saignent
- Douleur en s'alimentant
- Perte d'appétit
- Coups de patte sur la gueule
- Dents cassées, fracturées, manquantes ou qui bougent
- Lésions
- Sang dans la salive, ou écoulement nasal

COUPER LES GRIFFES

Si vous avez un chat d'extérieur, vous n'aurez probablement pas besoin de lui couper les griffes. Ceux-ci ont besoin de leurs griffes pour grimper et se défendre. Comme ils courent et grimpent dehors, sur des surfaces rugueuses, leurs griffes ne devraient pas être trop longues.

En revanche, si vous avez un chat d'intérieur, vous pourriez avoir besoin de lui couper les griffes. Les chats d'intérieur peuvent abîmer le mobilier et parfois blesser leurs compagnons humains. Vous pourriez aussi remarquer des griffes trop longues chez un chat plus âgé, ce qui peut lui faire mal et entraîner une infection.

Si vous pensez que les griffes de votre chat ont besoin d'être coupées, le mieux est de commencer par aller chez le vétérinaire pour qu'il vous montre comment le faire en toute sécurité. Vous pouvez également lui demander de couper lui-même les griffes de votre chat : c'est la meilleure option si vous n'êtes pas tout à fait à l'aise avec cette procédure.

À gauche et à droite : mettre un griffoir à disposition est une bonne façon de permettre à votre chat de le laisser exprimer un comportement inné sans abîmer votre mobilier pour autant, surtout si vous avez un chat exclusivement d'intérieur.

NOTE :

Vous aurez probablement besoin de ne couper que les griffes des pattes avant, mais si votre chat est plus vieux, pensez aussi à vérifier ses pattes arrière.

COUPER LES GRIFFES DE VOTRE CHAT

Pour couper vous-même les griffes de votre chat d'intérieur à la maison, suivez ces étapes :

1 Attendez que votre chat soit détendu et somnolant.

2 Veillez à avoir assez de lumière.

3 Placez votre chat sur vos genoux, son postérieur proche de vous.

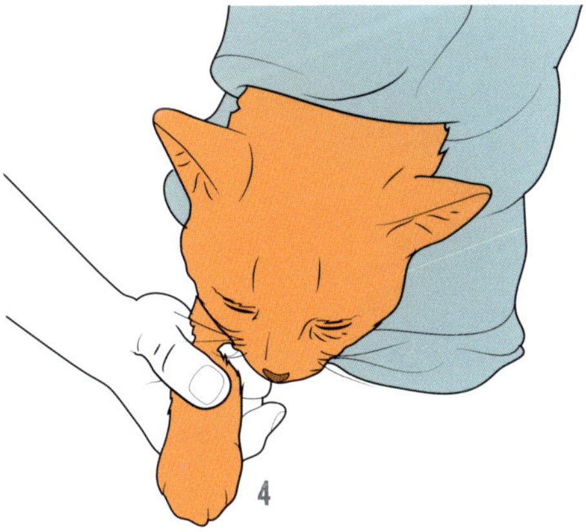

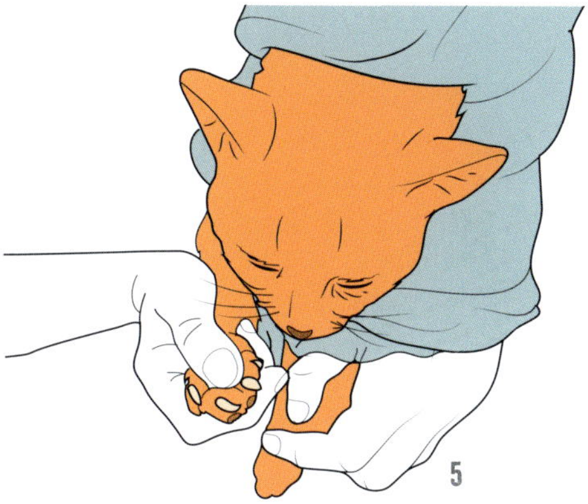

4 Si votre chat bouge, enveloppez-le dans un linge en dégageant une seule patte à la fois.

5 Sortez les griffes une par une. En commençant par un côté de la patte, appuyez doucement sur le dessus et le dessous d'un doigt jusqu'à voir apparaître la griffe.

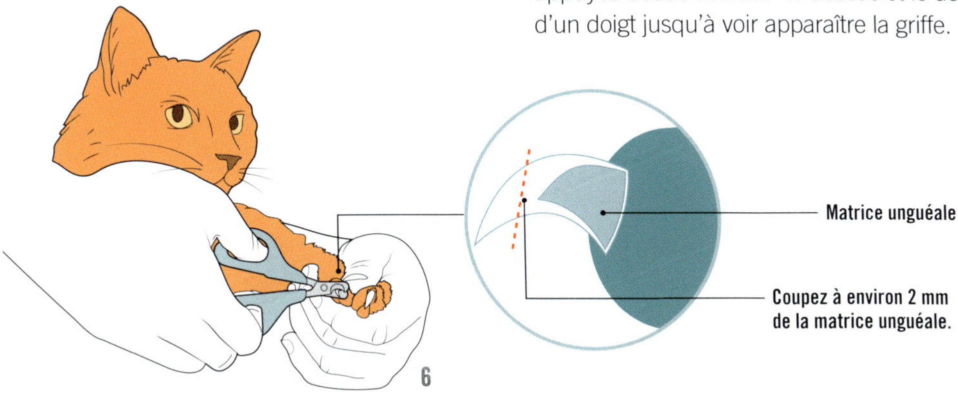

6 En faisant très attention de ne pas couper la matrice unguéale (vaisseau sanguin qui se termine dans le milieu de la griffe), utilisez un coupe-griffes ou une paire de ciseaux pour chats pour couper une petite partie de l'extrémité transparente de la griffe.

7 Si votre chat commence à s'agiter et à stresser, faites une pause et recommencez plus tard.

VACCINATION

La vaccination est indispensable à la santé de votre chat. Les vaccins essentiels proposés par votre vétérinaire ont été scientifiquement prouvés pour protéger les chats de maladies félines graves, et parfois mortelles.

Les chatons sont généralement vaccinés contre les maladies courantes à environ 9 puis 12 semaines. Après avoir effectué ces premiers vaccins, vous devez emmener votre chat chez le vétérinaire une fois par an pour une consultation vaccinale. Si votre chat n'a jamais été vacciné ou n'a pas eu de consultation vaccinale au cours des 15 derniers mois ou plus, emmenez-le chez le vétérinaire pour discuter des vaccins dont il a besoin.

Les premiers vaccins permettront de protéger votre chat du typhus du chat, de l'herpèsvirus félin et de la calicivirose féline, de la chlamydophilose féline, de la leucémie féline et de la rage.

Ne laissez pas votre chaton sortir de la maison moins de 10 jours après la deuxième série de vaccins.

Ci-dessous : après leurs premiers vaccins à 9 et 12 semaines, les chats adultes ont besoin d'aller chez le vétérinaire pour leur consultation vaccinale annuelle.

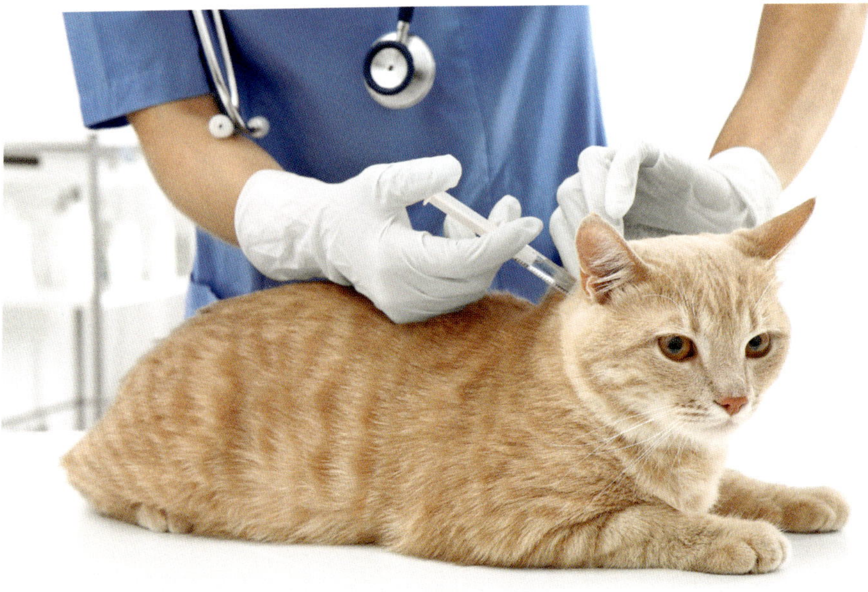

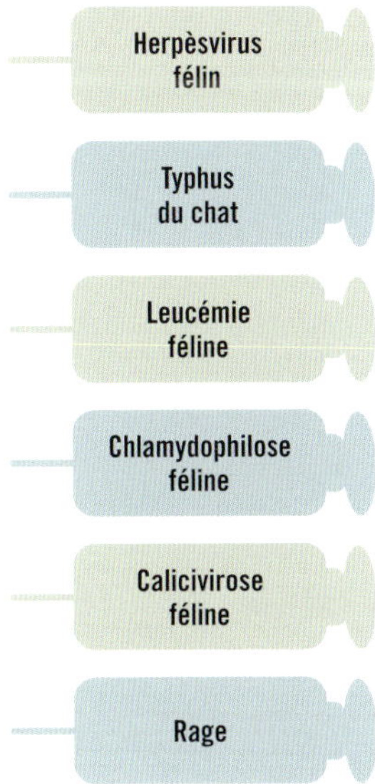

À gauche : la plupart des chatons sont vaccinés contre 6 maladies graves au cours des 12 premières semaines et ont besoin de rappels tout au long de la vie.

Ci-dessous : certains pays, comme ceux de l'Union européenne, ont des passeports officiels pour les animaux de compagnie ; d'autres, comme les États-Unis, demandent les certificats de santé réclamés par le pays de destination, notamment l'historique de vaccination contre la rage.

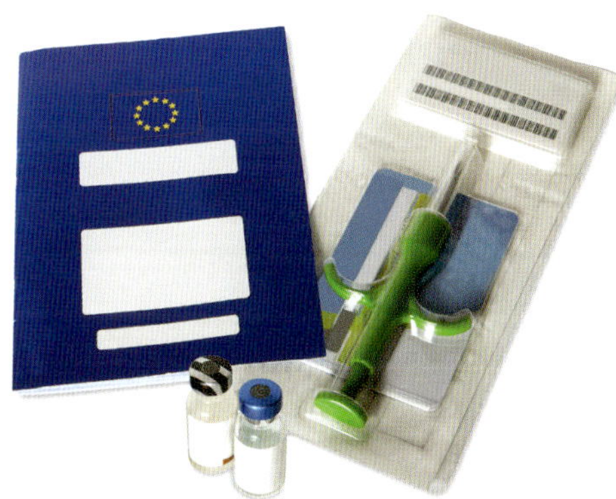

VACCINS ET RISQUES

Les risques liés à la vaccination des chats sont très faibles et les bénéfices l'emportent largement sur les chances infimes qu'un incident se produise. Dans de très rares cas (généralement quand le chat présente déjà une pathologie), les vaccins peuvent entraîner des tumeurs et des maladies immunitaires au niveau de la zone d'injection.

Si vous remarquez que votre chat ne va pas bien après vaccination – par exemple, s'il montre des signes de faiblesse, de la fièvre, des vomissements ou une diarrhée – emmenez-le chez le vétérinaire.

VOYAGER À L'ÉTRANGER

Si vous emmenez votre chat à l'étranger, il aura peut-être besoin de vaccins supplémentaires pour être éligible à un « passeport pour animaux de compagnie », une obligation légale dans certaines régions du monde. Si vous envisagez de voyager avec votre chat, emmenez-le chez le vétérinaire au moins 6 mois avant d'organiser un voyage afin de vous assurer que vous aurez le temps de faire les vaccins nécessaires.

STIMULATION MENTALE

Les chats ont besoin d'être stimulés mentalement pour rester en bonne santé. C'est d'autant plus le cas pour les chats d'intérieur, qui n'ont pas forcément la possibilité d'exprimer tous leurs comportements instinctifs dans la maison.

Dans la nature, les chats doivent être actifs pour s'alimenter ; ils doivent chercher leur proie et passent le plus clair de la journée à chasser. Cette activité contraste de manière drastique avec la routine de vie classique d'un chat d'intérieur, où la nourriture est servie 2 à 3 fois par jour. Si votre chat n'a pas la possibilité de jouer dehors, comment faire en sorte qu'il soit assez stimulé ? Vous pouvez éviter des ennuis aux chats curieux grâce à des exercices mentaux simples.

Ci-dessus : les gamelles anti-glouton sont une très bonne façon d'encourager votre chat d'intérieur à utiliser ses comportements innés en plus de le stimuler mentalement.

LES JEUX DE « CHASSE »

La meilleure manière de stimuler votre chat est peut-être d'avoir recours à des jeux pour lui faire chercher la nourriture. Commencez tout simplement par déplacer le bol de votre chat dans différents endroits de la maison, pour le forcer à « chasser » la nourriture et à faire appel à ses instincts naturels.

À gauche : transformer le moment du repas en un jeu de chasse peut avoir des effets positifs sur le bien-être de votre chat – surtout s'il n'a pas l'occasion d'aller dehors.

FABRIQUER UNE GAMELLE ANTI-GLOUTON

Vous pouvez solliciter davantage votre chat au moment des repas en mettant sa nourriture dans une gamelle anti-glouton. Il en existe toute une gamme en animalerie, mais vous pouvez aussi en fabriquer une vous-même.

Ci-contre : vous trouverez tout un choix de gamelles anti-glouton en animalerie, où les aliments secs se coincent dans des endroits difficiles d'accès.

1 Mettez quelques croquettes dans un rouleau de papier toilette vide et percez-le de trous juste assez gros pour que les croquettes puissent en sortir.

2 Scellez les extrémités et donnez-le à votre chat ; il jouera avec ce jouet jusqu'à en avoir fait sortir toutes les croquettes.

NOTE :

Vous pouvez réaliser des jouets similaires en plaçant les croquettes dans des récipients qui demandent à votre chat d'utiliser ses pattes pour attraper la nourriture.

RETOUR AUX BASES

En plus d'être un accessoire pratique dans lequel cacher la nourriture, le carton est ludique. Votre chat n'aura probablement aucun mal à jouer avec tout seul, mais s'il a besoin d'un petit coup de pouce, glissez-y un jouet ou utilisez une baguette (ou une cordelette, avec des plumes au bout) pour l'encourager à sauter dedans et en-dehors. N'oubliez pas qu'il est toujours bien de laisser votre chat attraper le jouet à la fin. Si votre animal n'en finit plus de chasser sans jamais pouvoir l'attraper, ce n'est plus un jeu pour lui!

Un pointeur laser peut aussi être une bonne façon de jouer avec votre chat et de le faire bouger. Veillez simplement à ne jamais l'orienter vers ses yeux. Comme il ne s'agit pas de quelque chose de tangible qu'il peut attraper, à la fin, pensez à lui donner un autre jeu ou une récompense.

Ci-dessus : les chats ne peuvent pas s'empêcher de suivre un rayon laser. Avec cet accessoire bon marché, vous n'aurez aucun mal à le faire bouger sans que cela vous demande trop d'efforts.

Ci-contre : votre chat passera des heures à s'amuser avec un carton ; les boîtes sont un bon accessoire à proposer quand vous jouez à l'intérieur avec votre animal.

APPRENDRE DE NOUVEAUX TOURS

Vous pouvez apprendre des tours à votre chat, même âgé, l'amuser à aller chercher. Contrairement à ce que l'on pense souvent, à l'instar des chiens, les chats peuvent apprendre des tours. Ce sont des animaux intelligents qui assimilent très bien les consignes et pourront s'asseoir et rouler en échange d'une récompense – généralement une friandise ou des félicitations. Vous pouvez aussi lui apprendre à aller chercher un jouer ou un objet. Rendez-vous en page 36 pour des astuces de dressage.

Un griffoir peut stimuler le jeu. Il sera aussi très efficace de lui mettre à disposition un arbre à chat avec différents niveaux et endroits où se cacher. Si vous en avez déjà un mais que votre animal n'y joue plus, essayez de le mettre dans un autre endroit de la maison. Le félin pourrait alors le voir comme un nouvel espace de jeu. En plus d'améliorer le bien-être de votre chat, ces jeux lui permettront de rester en bonne santé et renforceront votre lien.

Ci-dessus : un arbre à chat complexe avec des griffoirs et différents niveaux sur lesquels votre chat peut grimper, se cacher et jouer peut être très enrichissant.

Ci-contre : encouragez votre chat à jouer stimule son activité physique et intellectuelle en plus d'améliorer le lien qui vous unit.

DÉCRYPTER LE COMPORTEMENT

Il peut être frustrant de ne pas réussir à communiquer avec votre chat. Ces animaux ressentent de nombreuses émotions et les comprendre peut vous aider à améliorer votre relation. Le langage corporel félin en dit parfois beaucoup, et en vous familiarisant avec ces mouvements subtils, vous pourrez venir à bout de n'importe quelle frustration liée à la communication.

CHAT DÉTENDU

DÉTENTE

Comment savoir si votre chat est heureux? Peu importe la position, si votre chat est heureux, il aura l'air détendu. Sur ses pattes, il sera dans une posture relâchée et sa queue sera immobile ou relevée à la verticale, avec l'extrémité légèrement recourbée. Qu'il soit debout, assis, ou allongé, lorsque votre animal est détendu, ses oreilles seront dans leur position naturelle : droites et orientées vers l'avant (même si elles peuvent bouger quand il réagit aux sons). Les battements de paupières seront lents, ou alors il aura les yeux mi-clos et ses moustaches auront l'air relâchées. Allongé et calme, votre chat peut montrer son ventre ou s'étirer. S'il est assis, il aura l'air à l'aise, la queue mollement posée et écartée du corps.

ANXIÉTÉ

Il arrive que les chats inquiets se cachent. Si vous voyez votre chat en position accroupie avec les muscles tendus, il est peut-être stressé. Ses oreilles peuvent bouger et être orientées vers les côtés ; sa tête est basse et rentrée dans le corps, et ses yeux sont ouverts avec les pupilles dilatées. Quand votre chat est anxieux, il est probable qu'il ramène sa queue contre lui, en veillant à rester dans cette position serrée. Il est aussi possible que l'extrémité de sa queue ondule lentement d'un côté et de l'autre.

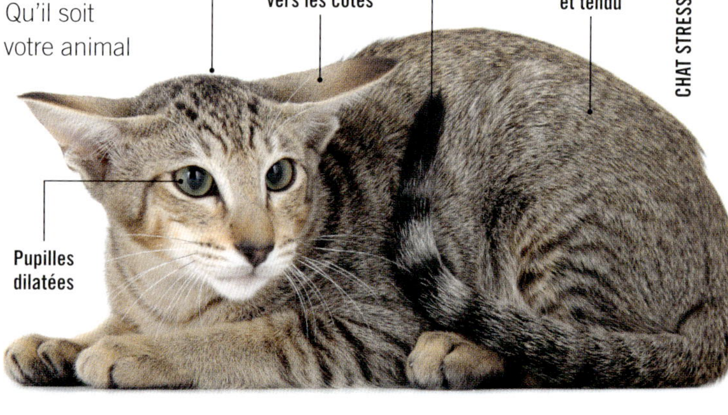

CHAT STRESSÉ

CHAT APEURÉ

CHAT ÉNERVÉ

PEUR

Le langage corporel qui indique que votre chat a peur est bien plus facile à identifier que lorsqu'il est stressé. Quand votre chat a peur, il peut s'enfuir, se mettre sur ses pattes, ou se recroqueviller et rester parfaitement immobile. Il peut s'exprimer en sifflant ou grognant, et s'attaquer à une menace. Sur ses gardes, l'animal essaie de paraître plus gros en faisant le dos rond et en hérissant ses poils. Sa queue est cachée sous le corps ou alors elle s'agite rapidement d'un côté et de l'autre. Au niveau du visage, ses yeux sont grands ouverts, ses pupilles se dilatent et il ne bat pas les paupières. Ses moustaches sont aplaties vers l'arrière (ou hérissées) tout comme ses oreilles.

COLÈRE

Un chat en colère montre des signes différents de ceux d'un chat apeuré. Il est important que vous sachiez faire la différence pour réagir en conséquence. Si votre chat montre des signes d'énervement, il est mieux de ne pas l'approcher ; n'essayez pas de le réconforter ou de le provoquer. Tenez-vous simplement à distance jusqu'à ce qu'il se soit calmé. Quand votre chat est en colère, il est tendu et essaie d'avoir l'air plus gros en faisant le dos rond, avec les pattes avant bien raides et le poil hérissé. Il peut être accroupi ou debout, la queue cachée sous le corps ou bien à la verticale. Au niveau du visage, ses yeux sont grands ouverts et les battements de paupières inexistants mais les pupilles seront peut-être dilatées. Le regard semble concentré. Les oreilles sont aplaties et orientées vers l'arrière, et les moustaches peuvent être dressées loin du visage. Quand il est en colère, votre chat ne se comporte pas comme d'habitude et il peut s'exprimer en sifflant, en crachant ou en grognant. Pour autant, sachez que les félins énervés ne s'expriment pas toujours de manière vocale, ils peuvent être silencieux et très concentrés.

INTERPRÉTATION DU MIAULEMENT

Les chats adultes ne miaulent pas entre eux (les chatons miaulent après leur mère). Le miaulement a évolué pour devenir un moyen de communication des chats domestiques avec les êtres humains. Vous remarquerez que votre chat possède tout un éventail de miaulements, qui semblent tous avoir une signification différente. Certains s'expriment plus que d'autres, et la quantité de miaulements peut évoluer tout au long de la vie. Que votre chat soit bavard ou silencieux, il peut être utile de savoir interpréter son répertoire vocal.

Miaulement standard

Ce sont les miaulements que vous entendrez le plus souvent. Ils sont d'une longueur et d'une hauteur moyennes. Ils expriment généralement des demandes : votre chat veut quelque chose, et vous pouvez souvent comprendre de quoi il s'agit selon le contexte. Il peut, par exemple, réclamer de la nourriture ou demander à sortir.

Miaulement bref

Le miaulement bref est une manière pour votre chat de dire « bonjour ».

Miaulements à répétition

Plusieurs miaulements à la suite indiquent que votre chat est enthousiaste à l'idée de quelque chose ou alors qu'il veut de l'attention.

Miaulement long

Comme pour le miaulement standard, un miaulement plus long et qui s'éternise indique que votre chat veut quelque chose. Il est peut-être en train de vous dire que c'est l'heure du repas.

Miaulement aigu

Un miaulement bien plus aigu que d'habitude indique généralement que quelque chose a surpris votre chat ou qu'il s'est blessé.

Miaulement grave
Un miaulement plus grave que d'habitude peut être interprété comme une plainte. Votre chat est peut-être en train de ronchonner parce que vous n'avez pas fait quelque chose qu'il avait envie que vous fassiez.

Grognement, sifflement ou feulement
Si vous entendez votre chat grogner, siffler ou feuler, c'est qu'il est énervé et/ou effrayé. Un sifflement, souvent adressé à d'autres animaux, indique qu'il peut attaquer. Si votre chat grogne, siffle ou feule quand vous l'approchez, il est peut-être souffrant : emmenez-le chez le vétérinaire.

Ronronnement
D'ordinaire, un chat qui ronronne est un chat heureux. Il indique que votre animal est détendu et satisfait. À l'inverse, un ronronnement peut aussi être le signe que votre chat souffre ou ne se sent pas bien. Si vous remarquez que votre chat ronronne dans des situations inhabituelles, quand il est assis ou recroquevillé tout seul dans un coin par exemple, emmenez-le chez le vétérinaire.

Gémissement
Les chats poussent parfois un son entre le mugissement et le gémissement, un miaulement rauque. Ce miaulement caractéristique indique généralement que votre chat, si c'est une femelle, est en chaleur et veut le faire savoir aux chats mâles du voisinage. Pour les deux sexes, ce gémissement peut aussi être un signe précurseur de démence.

Pépiement
Le pépiement que certains chats poussent est plus rare que le miaulement et son interprétation exacte reste inconnue. On suppose que quand un chat pépie, il vous demande de le suivre, ou alors il est juste enthousiaste, comme lorsqu'il voit des oiseaux ou une proie qui approche.

DRESSAGE

Il existe beaucoup de façons différentes de dresser votre chat. Le mieux est de commencer le dressage quand il est encore chaton, la période idéale étant entre 8 et 13 semaines.

Quand votre chaton est encore jeune, la première chose à prendre en compte est le développement de sa sociabilité. Veillez à ce qu'il soit en contact avec des personnes différentes, y compris des enfants. À ce stade, vous pouvez aussi l'habituer à voyager dans dans une caisse de transport.

Quand votre chat a intégré les bases de la sociabilité, vous pouvez commencer à lui apprendre d'autres choses. Cela est possible à n'importe quel âge, même si les chats plus jeunes apprendront plus vite. Vous pouvez apprendre à votre animal à réaliser tout un éventail d'actions différentes : reconnaître son prénom, utiliser sa litière et son griffoir… Les bases de l'apprentissage sont les mêmes. N'oubliez pas que les chats ne réagissent pas au renforcement négatif. Le renforcement positif est toujours la meilleure option pour aider votre chat à apprendre.

Ci-dessous et ci-dessus : il est plus facile d'apprendre certaines choses à votre chat quand il est jeune, comme l'utilisation de la litière ou de la caisse de transport.

APPRENTISSAGE DE LA PROPRETÉ

NOTE :

Dresser un chat peut prendre du temps et demande de la patience. Continuez de récompenser les bons comportements pour que votre chat apprenne.
Ne le punissez jamais. S'il fait quelque chose de mal (morsure agressive, par exemple) prononcez un « non » ferme et tournez-lui le dos. Récompensez-le quand il joue gentiment. Pour éviter les confusions, ne lui apprenez qu'une seule chose à la fois, et, tout au long du processus, faites en sorte de garder une cohérence dans l'utilisation des stimuli et des récompenses.

DÉVELOPPER UN PROGRAMME D'APPRENTISSAGE POUR VOTRE CHAT

Les chats sont des animaux intelligents et, comme les chiens, on peut les dresser à réaliser certaines tâches. Quand vous aurez décidé d'une action que vous souhaitez lui apprendre, suivez ces 4 étapes :

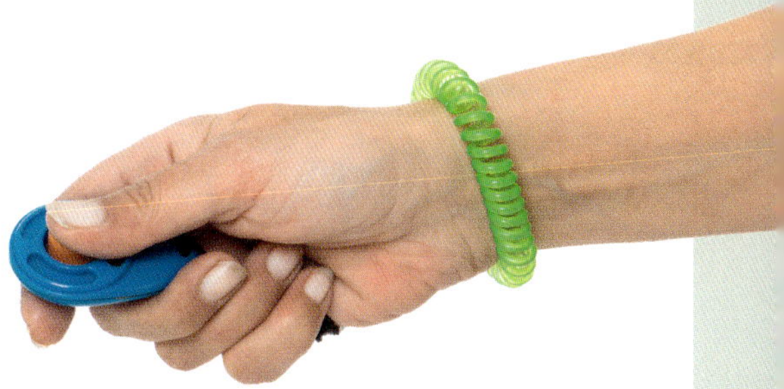

1 Définissez précisément ce que vous souhaitez apprendre à votre chat et associez-y un stimulus sonore. Si, par exemple, vous essayez de lui apprendre à reconnaître son prénom, le stimulus sera son prénom. Si vous lui apprenez à s'asseoir, le mot qui reviendra sera « assis ». Quand vous prononcez le stimulus, veillez à bien articuler.

2 Si votre chat réagit au stimulus, renforcez son action en le récompensant avec une friandise. Vous pouvez aussi le féliciter verbalement et faire du renforcement sous forme d'attentions, en le caressant ou en jouant.

3 Comme vous ne pourrez pas lui offrir une friandise à chaque fois qu'il réagit correctement, un clicker (criquet métallique) peut s'avérer utile. Cliquez en même temps que vous le récompensez. De cette façon, votre chat commencera à associer le son du clicker à une récompense. Plus tard, vous devriez pouvoir utiliser l'instrument sans autre récompense (en lui donnant une friandise une fois de temps en temps, plutôt que de manière systématique).

4 Répétez ce processus 10 minutes par jour. Récompensez votre chat à chaque fois qu'il réagit au stimulus. Si vous essayez de lui apprendre à utiliser un griffoir, récompensez-le à chaque fois qu'il touche l'objet (que ce soit pour se faire les griffes ou non). Si vous essayez de lui apprendre à s'allonger, commencez par le récompenser quand il s'assoit. Quand il aura appris à s'asseoir, arrêtez de le récompenser pour cette action et commencez à le récompenser quand il s'abaisse au sol.

Ci-dessus et à gauche : la meilleure façon de dresser les chats est d'utiliser le renforcement positif sous forme d'attention ou de nourriture. Le clicker peut ensuite être intégré aux séances d'apprentissage.

ALIMENTATION

La nutrition est un aspect essentiel de la santé de votre chat. Il existe beaucoup d'options différentes en matière d'alimentation, alors comment savoir quels produits choisir ?

Certains éléments sont indispensables à l'alimentation des chats. Dans la nature, les chats sont des carnivores stricts, ils ont donc besoin de nutriments présents dans des produits d'origine animale. Ils consomment beaucoup de protéines, un peu de lipides et presque pas de glucides. Ces besoins n'ont pas changé avec la domestication, certains nutriments restent nécessaires à leur alimentation.

COMMENT NOURRIR VOTRE CHAT ?

La nourriture pour chat se divise généralement en 3 catégories : humide, semi-humide et sèche. Les aliments pour animaux, disponibles en supermarché, ont été été contrôlés et contiennent tous les nutriments nécessaires. Vous pouvez comparer les aliments pour chat en lisant leurs listes d'ingrédients. Optez pour une nourriture avec de la viande, du poisson ou autre produit carné en tête de liste.

Les chatons ont des besoins alimentaires différents du chat adulte, il faut donc leur donner une nourriture adaptée. Si vous proposez à des chatons des aliments secs et humides, il y a plus de chances qu'ils continuent d'accepter de manger les deux en grandissant. Les chats âgés peuvent aussi avoir des besoins nutritionnels différents, bien qu'il ne soit pas forcément nécessaire de changer leur alimentation sauf si le vétérinaire le préconise.

JEUNE CHAT : 1-7 ANS
Pour rester en bonne santé, un jeune chat a besoin d'une alimentation équilibrée riche en vitamines, minéraux et acides gras essentiels pour avoir des dents, des os et des yeux en bonne santé, en plus de conserver un bon métabolisme et une bonne croissance.

CHATON : 4 SEMAINES-4 MOIS
Comme les chatons grandissent très vite, une alimentation équilibrée sous forme de petites portions régulières est indispensable pour le développement d'une bonne musculature, un pelage brillant, une peau et des os sains, et un œil vif.

CHAT ÂGÉ : 7 ANS ET PLUS
L'alimentation du chat âgé est plus facile à digérer et contient tous les apports nutritionnels nécessaires au maintien de la bonne santé de son système immunitaire et de ses articulations.

Ci-contre : vous devez adapter l'alimentation de votre chat tout au long de sa vie pour répondre aux besoins spécifiques à sa catégorie d'âge, à ses préférences personnelles et à ses besoins en matière de santé.

NOTE :

Le choix d'une alimentation humide, semi-humide ou sèche dépendra de l'âge de votre chat et de ses goûts. Certains iront plus facilement vers un type de nourriture et d'autres vers les deux.

Nourriture humide

Nourriture humide

La nourriture humide se présente sous forme de conserve ou de sachet. C'est une bonne source de nutriments et d'eau. La plupart des chats apprécient le goût et il s'agit souvent de l'option qui contient la meilleure qualité de viande. La nourriture humide est disponible dans différentes saveurs, et elle se garde longtemps avant ouverture. Après ouverture, conservez-la au réfrigérateur pendant 1 à 2 jours maximum.

Nourriture semi-humide

Nourriture semi-humide

La nourriture semi-humide se compose principalement de viande et de produits carnés mélangés à des céréales. Elle est généralement moins chère que les aliments humides, mais plus chère que les aliments secs.

Nourriture sèche

Les aliments secs, ou croquettes, se présentent sous forme de petits morceaux de nourriture déshydratée. La plupart du temps, ces produits sont moins chers que les alternatives humides. Ils se conservent plus longtemps, vous pouvez donc les garder plusieurs mois avant péremption. En revanche, la nourriture sèche n'est pas aussi appétissante et les chats

En haut, à gauche et ci-dessous : il existe 3 sortes d'aliments pour chat, et ce sont l'âge, la santé et les préférences de votre animal qui détermineront l'option à choisir : un seul type d'aliments ou un mélange de 2 ou 3.

Nourriture sèche

Friandises à mâcher pour chats

Ci-dessus : pour veiller à ce que votre chat bénéficie de tous les nutriments dont il a besoin, il est mieux de lui donner de la nourriture achetée en magasin qui répond à des standards élevés d'alimentation animale.

peuvent avoir des difficultés à la digérer. Elle est aussi plus riche en glucides. Les aliments secs sont à conserver hermétiquement dans un endroit frais et sec.

Alimentation maison

Il est déconseillé de préparer soi-même la nourriture de son chat. Il est très difficile de s'assurer que l'on inclut bien les nutriments essentiels à la santé du chat, et en bonne quantité. Si vous envisagez l'option de l'alimentation maison, demandez des conseils à votre vétérinaire.

Friandises

Beaucoup de friandises pour chats sont disponibles sur le marché. Elles doivent être occasionnelles et ne pas représenter plus de 15 % de l'apport calorique de votre chat.

LES ALIMENTS DANGEREUX POUR LE CHAT

Pour que votre chat reste en bonne santé, donnez-lui uniquement des aliments pour son espèce et optez pour des friandises spécialement conçues pour les chats. Même en suivant ce conseil, il peut arriver que votre chat vole ou trouve de la nourriture destinée aux humains. Veillez à ce qu'il ne mange pas les aliments suivants :

- Ail et oignon
- Œufs crus
- Produits laitiers (y compris du lait)
- Raisins et raisins secs
- Alcool (et pâte crue, qui se transforme en alcool dans l'estomac du chat)
- Chocolat et caféine
- Noix de macadamia
- Sucre et édulcorants
- Noyaux et pépins
- Tomates
- Champignons
- Poulet avec des os

NOTE :

Si votre chat à ingérer un aliment poison, rendez-vous en page 161 pour savoir quoi faire.

Souvenez-vous que les chats sont souvent intolérants au lactose, il ne faut donc jamais leur servir du lait ou de la crème en guise de friandise.

Empoisonnement page 158

VOTRE CHAT EST-IL EN SURPOIDS ?

L'obésité chez le chat est un vrai problème – surtout pour les chats plus âgés – et il est important de reconnaître quand un animal est en surpoids. Comme pour les humains, l'obésité peut avoir des effets néfastes. Un chat en surpoids peut arrêter certains comportements, comme la toilette, et ainsi développer des problèmes de peau. L'obésité peut aussi provoquer des infections uriniaires, augmenter les risques de diabète, de problèmes articulaires, ou d'arthrite.

Comment savoir si votre chat est en surpoids? Vous pouvez vérifier la corpulence de votre animal en palpant sa cage thoracique. La peau au niveau des côtes ne doit pas vous sembler plus épaisse que celle du dos de votre main. Si vous avez du mal à sentir les côtes de votre chat, il est possible qu'il soit en surpoids.

Comme pour les êtres humains, les causes de prise de poids sont généralement un excès de nourriture et un manque d'exercice. En vieillissant, le métabolisme de votre chat va ralentir et il sera moins actif. Son alimentation doit donc être ajustée en conséquence. Il est important que le temps d'exercice soit adapté à l'âge du félin. Les chats d'intérieur, qui sont généralement moins actifs, seront plus facilement en surpoids.

Si vous pensez que votre chat est en surpoids, le mieux est de l'emmener chez le vétérinaire. Il sera en mesure de vérifier que votre chat n'a pas d'autres problèmes de santé liés à l'obésité et, ensemble, vous pourrez créer un programme de gestion du poids.

Ci-dessus : l'obésité est un problème de santé courant chez le chat et peut augmenter les risques de contracter différentes maladies.

SCHÉMAS D'UNE CORPULENCE NORMALE ET D'OBÉSITÉ

Un vétérinaire sera en mesure de déterminer l'indice corporel de votre chat et de vous donner des conseils pour contrôler et stabiliser son poids. À la maison, quand votre chat est sur ses pattes, regardez-le du dessus pour voir s'il y a un creux juste au-dessus des hanches (la dépression abdominale) et sous les côtes. Un chat en bonne santé devrait avoir ce creux (mais n'oubliez pas que cela peut être difficile à remarquer pour les chats à poils longs).

1 5 6 = Indice corporel

TROP MAIGRE	NORMAL	EN SURPOIDS
1 Côtes et colonne vertébrale visibles et facilement palpables ; absence de gras ; dépression abdominale très marquée ; hanches prononcées.	5 Côtes palpables sous une fine couche de gras ; taille marquée après les côtes en vue du dessus ; peu de graisse abdominale.	6 Côtes palpables sous une fine couche de gras ; graisse présente au niveau du ventre et des hanches, mais peu flagrante ; absence de dépression abdominale.
2 Côtes et colonne vertébrale facilement visibles ; peu de masse musculaire ; absence de gras ; dépression abdominale marquée.		7 Côtes palpables sous une couche de gras moyenne ; difficulté à voir la taille ; légère poche de gras au niveau du ventre ; arrondi visible au niveau de l'abdomen.
3 Côtes facilement palpables ; colonne vertébrale visible ; très fine couche de gras ; dépression abdominale marquée.		8 Côtes impalpables sous une couche de gras excessive ; absence de taille ; arrondi flagrant au niveau de l'abdomen ; couche de gras sur la colonne vertébrale et sur le ventre.
4 Côtes et colonne vertébrale facilement palpables ; dépression abdominale visible ; absence de graisse abdominale.		9 Côtes impalpables sous une couche de gras excessive ; graisse sur dos, visage et certains membres ; abdomen distendu et taille invisible ; dépôts adipeux sur le ventre.

CONTRÔLER LE POIDS DE VOTRE CHAT

Changement d'alimentation
Changer le type et la quantité de nourriture est une bonne manière d'aider votre chat à perdre du poids, mais tout changement d'alimentation doit être progressif. Il est dangereux de restreindre drastiquement la quantité de nourriture de votre chat. Il est mieux de lui proposer à manger sous forme de repas plutôt que de la nourriture constamment à disposition. Vous trouverez beaucoup d'aliments (et de conseils) pour la perte de poids chez votre vétérinaire et en animalerie ; ils permettront à votre de chat de maigrir de façon saine. Si celui-ci est très obèse, il est possible que le vétérinaire vous prescrive une préparation alimentaire pour la perte de poids.

Avant de changer de marque de nourriture, proposez à votre chat une petite portion de ces nouveaux aliments en plus de sa nourriture habituelle. Si son alimentation est principalement sèche, cela peut valoir la peine de passer à une alimentation humide. Parlez-en avec votre vétérinaire.

Les friandises sont un autre facteur de surpoids. Évitez de donner votre nourriture à votre chat et optez pour des friandises pour chats qui sont pauvres en calories.

Idées pour que votre chat garde la forme
Une façon simple d'augmenter les dépenses énergétiques de votre chat est de le faire travailler pour avoir sa nourriture. Les gamelles anti-glouton et la stimulation mentale (voir page 29) sont de bonnes façons d'encourager votre chat à bouger : mettez la nourriture dans les jouets et votre chat devra faire de l'exercice pour l'en sortir.

Ci-dessous : l'une des meilleures façon d'éviter que votre chat ne devienne obèse est de peser ses aliments et de bien mesurer les portions de nourriture.

Si votre chat vit en intérieur, il est important de l'encourager à faire de l'exercice. Essayez de réserver 15 à 30 minutes chaque jour pour jouer avec lui et le faire bouger. S'il a un jouet préféré, utilisez-le pour l'inviter à sauter, bondir et courir. Souvenez-vous qu'il n'est pas nécessaire de dépenser beaucoup d'argent pour pouvoir jouer avec votre chat : un morceau de ficelle accrochée à un bâton fera très bien l'affaire. Essayez aussi de jouer avec une balle de ping-pong, voire une boule de papier.

Si vous n'avez pas le temps de jouer avec votre chat tous les jours, vous pouvez envisager d'investir dans un jouet électronique. Laisser traîner des sacs en papier, des boîtes et des jouets quand vous sortez peut encourager votre chat se dépenser seul. Un arbre à chat et un griffoir peuvent aussi l'inciter à faire de l'exercice.

NOTE :

Si vous utilisez des sacs en papier pour encourager votre chat à jouer, pensez à couper les anses pour éviter qu'il ne se blesse.

Ci-dessous : l'activité physique est indispensable à une bonne santé. Pour veiller à ce que votre chat d'intérieur reste à un poids sain, essayez de l'encourager tous les jours à bouger par le jeu.

PARASITES

On répartit les parasites du chat en 2 catégories : internes et externes. Si votre chat a des parasites et que vous ne le soignez pas, cela peut entraîner de graves problèmes de santé, voire la mort. Certains sont transmissibles à l'être humain, il est donc nécessaire de veiller à leur prévention.

PARASITES INTERNES

Parmi ceux qui sont courants, on retrouve les vers et autres parasites intestinaux qui vivent dans le système gastro-intestinal de votre chat. Vous remarquerez peut-être des vers dans ses selles ; comme il s'agit de parasites internes, c'est la seule façon de les détecter. Les signes cliniques sont : état de faiblesse, problèmes intestinaux, flatulences, vomissements, diarrhée, perte de poids, abdomen distendu ou gonflé, et sang dans les selles.

Prévenir l'apparition de vers commence quand votre chat est encore jeune, car ces parasites sont courants chez les chatons. Emmenez votre chaton d'environ 8 semaines chez le vétérinaire pour commencer la vermifugation. Si vous pensez que votre chat adulte a des vers, emmenez-le chez le vétérinaire pour discuter d'un traitement.

ASCARIS

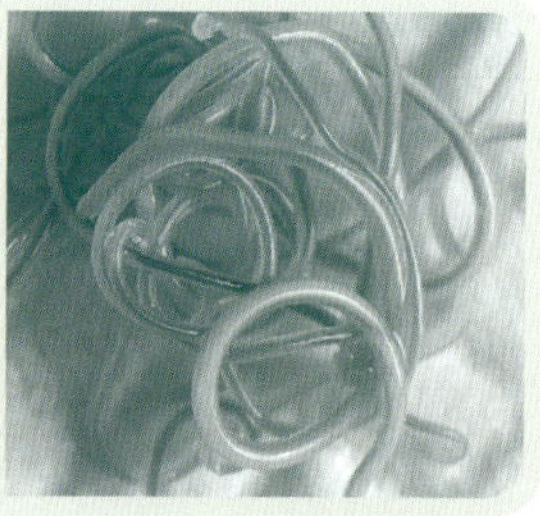

TÉNIA

Ci-contre : soyez attentif au moindre signe clinique qui pourrait laisser penser que votre chat a des parasites internes. Si vous remarquez certains signes, emmenez-le chez le vétérinaire qui traitera le problème.

PARASITES EXTERNES

Les parasites externes les plus communs sont les puces, la gale auriculaire et les tiques.

Puces

Si vous trouvez une puce sur votre chat, il y a de fortes chances pour qu'il en soit infesté plus tard. Les jeunes puces et les œufs sont à peine visibles à l'œil nu. Votre chat peut également être agité, se lécher, se gratter, se mordre le pelage ou secouer souvent la tête.

Les puces s'attrapent au contact d'autres animaux, y compris domestiques et les rongeurs. Pour les éviter, vous devez régulièrement faire un traitement anti-puces à votre chat. Selon le produit, la prévention peut commencer dès l'âge de 6 à 8 semaines. Vous trouverez le traitement sous forme de cachets, de solutions à usage externe local, et de colliers. N'utilisez jamais un traitement anti-puces pour chien sur votre chat, car ils peuvent contenir des produits toxiques pour les félins.

PUCE

Ci-dessus : les chats qui sortent seront au contact d'autres chats et animaux sauvages qui peuvent transmettre des parasites externes.

BRISER LE CYCLE DE REPRODUCTION DE LA PUCE

Si vous pensez que votre chat a des puces :

- Emmenez-le chez le vétérinaire pour le traiter.
- Si vous avez plus d'un animal et que l'un d'entre eux à des puces, traitez tous les animaux de la maison.
- Nettoyez les tapis et la literie. Les œufs et larves de puce peuvent survivre jusqu'à 6 mois sur des surfaces douillettes et, si elles ne sont pas traitées, il y a de fortes chances pour que votre chat soit de nouveau infesté.

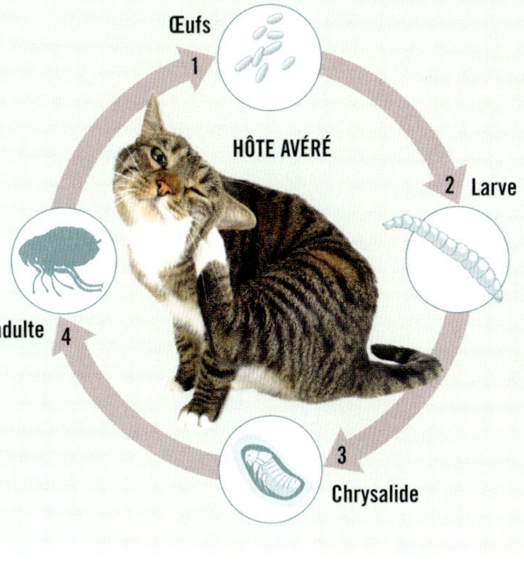

Ci-contre : le cycle de vie de la puce peut être difficile à briser. Vous devez attaquer le parasite à tous les stades de son développement.

Mites d'oreilles

Les mites d'oreilles sont courantes chez les chats et les chatons. Elles peuvent se transmettre de chat en chat, ainsi si un chat en a, tous les chats de la maison doivent être traités. Si votre animal a des mites d'oreilles, il peut se gratter excessivement et avoir les oreilles inflammées ou du dépôt dans les conduits.

MITES D'OREILLES

Si vous pensez que votre chat a des mites d'oreilles, emmenez-le chez le vétérinaire pour un nettoyage des oreilles et vous renseignez sur les traitements.

MITES D'OREILLES

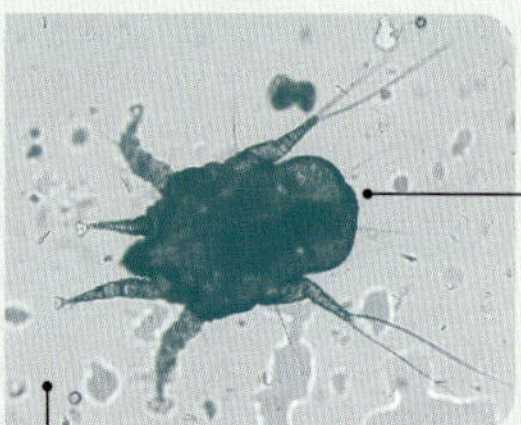

Les mites sont microscopiques, mais cela ne les rend pas moins irritants pour votre chat.

Le conduit auditif sera sale avec des dépôts rougeâtres à noirs.

Une croûte noire peut se former et boucher le conduit.

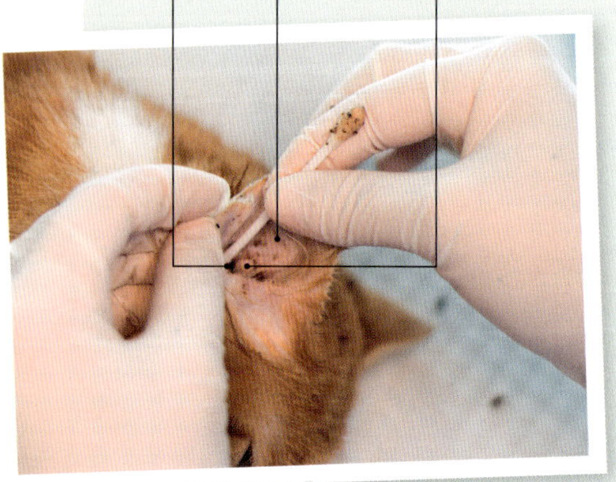

Tiques

Les tiques vivent dans les herbes hautes et s'agrippent aux animaux qui y passent. Elles peuvent s'agripper à votre chat s'il va dehors. Ces parasites peuvent aussi être transmis par d'autres animaux domestiques ou en s'agrippant à vos vêtements. Selon le mode de vie de votre chat, il faut peut-être envisager une prévention contre les tiques. Selon le contexte, il peut s'agir d'un traitement annuel ou saisonnier. Prenez rendez-vous chez le vétérinaire pour discuter de la meilleure option pour votre compagnon.

Si vous remarquez une tique sur votre chat, il faut la retirer pour éviter qu'il contracte une maladie. Vous pouvez l'emmener chez le vétérinaire ou l'enlevez-vous même à l'aide d'un tire-tique (disponible chez le vétérinaire ou en ligne). N'essayez pas de retirer la tique avec une pince à épiler ; si par mégarde, vous retirez le corps sans la tête, cela libérera ce qu'elle contient (dont de potentielles maladies) et se diffusera dans le sang de votre chat.

Surveillez attentivement votre animal, surtout si vous ne savez pas depuis quand la tique était sur lui. La tique a peut-être déjà eu le temps de transmettre une maladie, il faut donc guetter les signes de fatigue, de perte d'appétit et de léthargie. Si vous remarquez l'un de ces signes, emmenez-le chez le vétérinaire.

NOTE :

Chez vous, n'utilisez pas de coton-tige ouaté, car cela pourrait abîmer l'oreille de votre chat.

UTILISER UN TIRE-TIQUE

Il existe différentes tailles de tire-tique, optez pour celle qui est appropriée à la grosseur de la tique. Pour retirer une tique, suivez ces étapes :

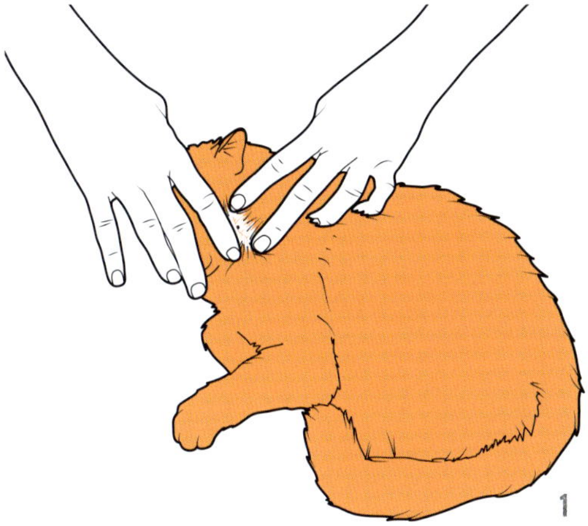

1

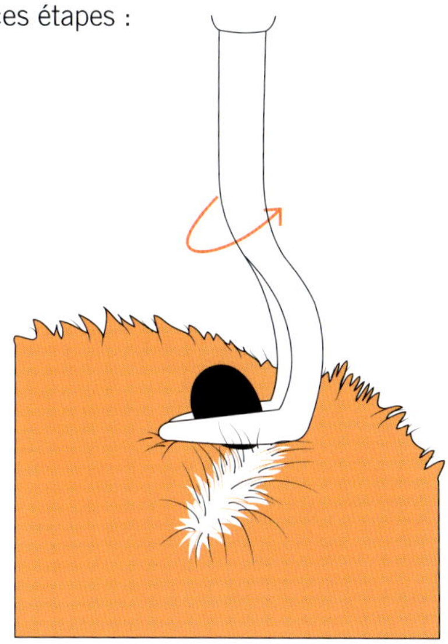

4

1 Lavez-vous les mains et écartez délicatement la fourrure pour exposer la tique.

2 Glissez le tire-tique par le côté autour de la tique, jusqu'à ce qu'elle y soit coincée.

3 Faites en sorte d'être aussi près que possible de la peau.

4 Soulevez délicatement le tire-tique et faites-le tourner plusieurs fois pour détacher la tique (ne retirez pas la tique en un seul coup).

5 Mettez la tique dans un bocal et arrosez-la d'alcool pour la tuer, jetez-la ensuite dans une poubelle à l'extérieur de chez vous.

6 Nettoyez la morsure avec une solution saline.

Ci-contre : avant de retirer une tique sur votre chat, lavez-vous les mains et préparez le tire-tique, une solution saline, de l'alcool et un bocal.

LES CHATS ÂGÉS

En vieillissant, votre chat va adopter un comportement différent. Comme les êtres humains, avec l'âge, les chats ralentissent. Les chats âgés ne sont plus aussi actifs, ils n'ont pas besoin de manger autant et leur personnalité peut changer. Un chat d'environ 11 ans est généralement considéré comme senior. Vous commencerez peut-être à voir des signes de vieillissement à partir de l'âge de 7 ans, mais les signes extérieurs ne se manifestent pas avant l'âge de 12 ans. Quand un chat atteint les 15 ans, on le considère alors comme très âgé.

QUELS SONT LES SIGNES DU VIEILLISSEMENT ?

Votre chat va vieillir à son propre rythme selon différents facteurs, notamment la race. Mais il existe des signes de vieillesse courants auxquels vous pouvez prêter attention.
Un chat plus vieux va commencer à perdre ses sens, à savoir : l'odorat, l'ouïe et le goût. Son appétit peut évoluer et parfois se réduire, mais n'oubliez pas que des changements d'appétit peuvent aussi indiquer d'autres problèmes, dentaires par exemple (et qui peuvent aussi s'aggraver avec l'âge).

Ci-dessus : en vieillissant, vous remarquerez peut-être des changements, en matière de comportements, de santé et d'apparence par exemple, liés la vieillesse.

LE CHAT SENIOR

Si votre chat a l'air souffrant (voir page 112 pour identifier une douleur) en vaquant à ses activités quotidiennes, emmenez-le chez le vétérinaire. Si l'état de faiblesse fait partie de la vieillesse, votre chat ne doit pas pour autant avoir mal et il existe des solutions pour traiter de nombreuses affections liées à l'âge.

REPÉRER SI VOTRE CHAT SOUFFRE page 112

Les chats plus âgés ne sont plus aussi agiles et leurs articulations peuvent perdre en flexibilité. L'ostéoarthrite est assez courante chez les chats âgés et peut se traiter. Si votre chat perd en souplesse, il peut aussi avoir du mal à se toiletter correctement. Pour que son pelage reste propre et brillant, consacrez un peu de temps chaque jour à son brossage. Avec la vieillesse, votre chat va avoir des poils blancs et perdra en brillance.

Comme pour l'être humain, en vieillissant, le système immunitaire du chat se détériore, ce qui le rend plus susceptible aux infections. Soyez particulièrement vigilant à séparer les bols de nourriture et d'eau, les bacs à litière et les jouets si un autre de vos chats montre des signes de maladie.

Enfin, vous remarquerez peut-être des changements de comportement. Ceux-ci sont difficiles à prédire puisqu'ils varient d'un chat à l'autre. Certains deviendront plus affectueux et auront envie de passer plus de temps avec vous, et d'autres seront peut-être plus agressifs et solitaires. La plupart des chats âgés préféreront se tenir à l'écart des situations bruyantes et nouvelles.

Il se peut que votre chat dorme plus qu'avant. Lorsqu'ils sont plus âgés, nos félins peuvent aussi faire des bruits à des moments étranges de la journée, y compris la nuit.

Quand votre chat devient senior, il est important de l'emmener régulièrement chez le vétérinaire pour des contrôles. Beaucoup de cliniques vétérinaires ont une section dédiée aux animaux âgés, puisqu'ils sont plus susceptibles aux problèmes de santé.

Si vous remarquez que votre chat a perdu l'appétit, urine plus souvent ou boit davantage, est raide ou boite, ou montre des signes préoccupants comme la désorientation, vous devez l'emmener chez le vétérinaire pour un contrôle. Ces signes peuvent indiquer un problème de santé.

Ci-dessus : pour aider votre chat âgé à garder un pelage en bonne santé, brossez-le plus souvent.

Ci-contre : avec l'âge, votre chat peut devenir plus affectueux et demander plus d'attention qu'avant.

S'ADAPTER À LA VIEILLESSE DE VOTRE CHAT

Il existe bien des façons de s'adapter à la vieillesse de son chat pour le rendre plus à l'aise et améliorer sa qualité de vie.

Bac à litière

Même si votre chat a l'habitude de faire ses besoins dehors, à mesure qu'il vieillit, il est conseillé de mettre un bac à litière dans la maison. Votre chat va s'affaiblir et n'aura plus envie de sortir systématiquement comme il le faisait avant. Si vous avez déjà un bac à litière à l'intérieur, veillez à ce qu'il soit grand et assez bas pour que votre chat puisse facilement y rentrer et en sortir. Pensez peut-être aussi à mettre à disposition plus d'un bac à litière, pour que votre chat n'ait jamais à se déplacer trop loin pour faire ses besoins.

Toilette

Brossez votre chat régulièrement pour qu'il reste propre et vérifiez ses griffes. Avec l'inactivité, il est possible que ses griffes deviennent longues. Le mieux est alors de lui couper (vous pouvez l'emmener chez le vétérinaire ou le faire vous-même, suivez alors les conseils en page 25).

Alimentation

Avec la vieillesse, apports nutritionnels, quantités et texture des aliments doivent tous être pris en compte. Surveillez une potentielle perte de poids chez votre chat, qui peut indiquer une maladie, ou une prise de poids, qui peut le rendre plus susceptible à certaines pathologies. Si son poids ne semble pas avoir changé et qu'il n'a pas de mal à s'alimenter, vous pouvez garder la même alimentation. Si vous pensez que votre chat a besoin d'un changement nutritionnel, emmenez-le chez le vétérinaire pour contrôler sa santé et discuter des différentes options. Il existe beaucoup d'aliments dédiés aux chats âgés. Veiller à ce que votre chat ait constamment de l'eau fraîche à disposition.

Ci-dessus : pour éviter les problèmes de griffes, comme des griffes incarnées, vérifiez régulièrement les griffes de votre chat et coupez-les si elles sont trop longues.

Ajustements dans la maison

Si vous remarquez que votre chat ne peut plus sauter dans son coin préféré, ou qu'il a du mal à redescendre, pensez à lui mettre quelque chose de légèrement plus bas à proximité en guise de marchepied. Observez ses cachettes et coins repos pour déterminer si vous pouvez faire quoi que ce soit pour lui rendre les trajets plus faciles. Les chats âgés peuvent aussi avoir plus de facilités à manger et boire dans des bols surélevés, pensez donc à les disposer sur un objet faisant office de petite plateforme

POURQUOI VOTRE CHAT NE MANGE-T-IL PAS ?

Si votre chat perd l'appétit, emmenez-le chez le vétérinaire. La perte d'appétit peut être le signe d'un problème plus grave, notamment de maladies.

La perte d'appétit peut avoir plusieurs facteurs, allant du stress aux problèmes dentaires. Si votre chat semble souffrir quand il mange, et s'il vous y autorise, cherchez d'éventuelles blessures au niveau de sa mâchoire ou des dents. S'il n'a pas mangé au cours des dernières 24 heures, emmenez-le chez le vétérinaire.

Ci-dessous : un vétérinaire sera en mesure d'évaluer tout signe caractéristique d'une maladie des gencives ou des caries qui pourraient contribuer à la perte d'appétit de votre chat.

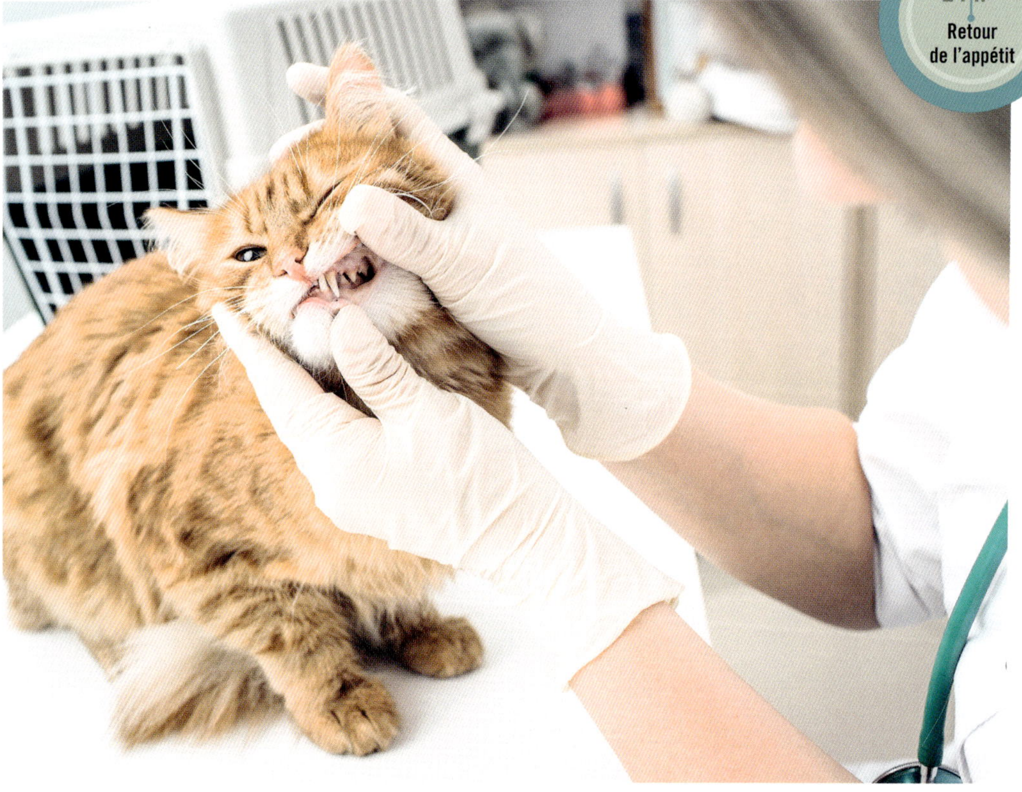

INCITER VOTRE CHAT À MANGER

Si votre chat continue de manger, mais en moins grandes quantités, vous pouvez essayer de l'inciter en lui proposant des aliments différents. Les chats adorent les sardines et le foie en boîte ; essayez de lui en proposer. Souvenez-vous que les chats préfèrent manger tiède. Vous pouvez passer sa nourriture au micro-ondes avant de lui servir (vérifiez juste que ce n'est pas trop chaud pour éviter qu'il se brûle). Pour finir, vous pouvez essayer d'arroser son plat habituel de bouillon de poulet, de bœuf ou de légumes pauvre en sel.

Ci-dessous : il y a des aliments, comme les sardines, le foie et le poulet, auxquels un chat aura du mal à résister, surtout si vous lui servez tiède.

Sardines

Foie bouilli

Poulet bouilli tiède

2

PREMIERS SOINS DE BASE

EXAMINER VOTRE CHAT

PREMIER BILAN

Si vous remarquez un problème chez votre chat, évaluez la situation :

• Si cela est sans danger, approchez-vous suffisamment de votre animal pour établir un premier constat sans le stresser.

• Cherchez la présence éventuelle de plaies visibles, d'un boitement, de déformations au niveau du corps, d'une désorientation, de tremblements ou de contractions musculaires.

• Notez les problèmes et toutes causes connues qui y sont liées.

• Si vous trouvez une plaie au niveau de la tête ou de la colonne vertébrale, ou si votre chat vomit, est désorienté, ou tremble, considérez cela comme une urgence et appelez immédiatement votre vétérinaire.

VÉRIFIER LES SIGNES VITAUX DE SON CHAT

Après avoir dressé un premier bilan de la situation, la prochaine étape importante est de vérifier les signes vitaux du félin : fréquence respiratoire, rythme cardiaque et température. Vous aurez besoin de l'immobiliser pour pouvoir faire des relevés précis (voir page 72). Pour être préparé en cas de problème, n'hésitez pas à vous entraîner et à faire ces vérifications quand votre chat est détendu.

Ci-dessous : pour vous approcher d'un chat blessé, allez-y en douceur, sans faire de mouvements brusques ou de gros bruits qui pourraient l'effrayer et déclencher des comportements agressifs.

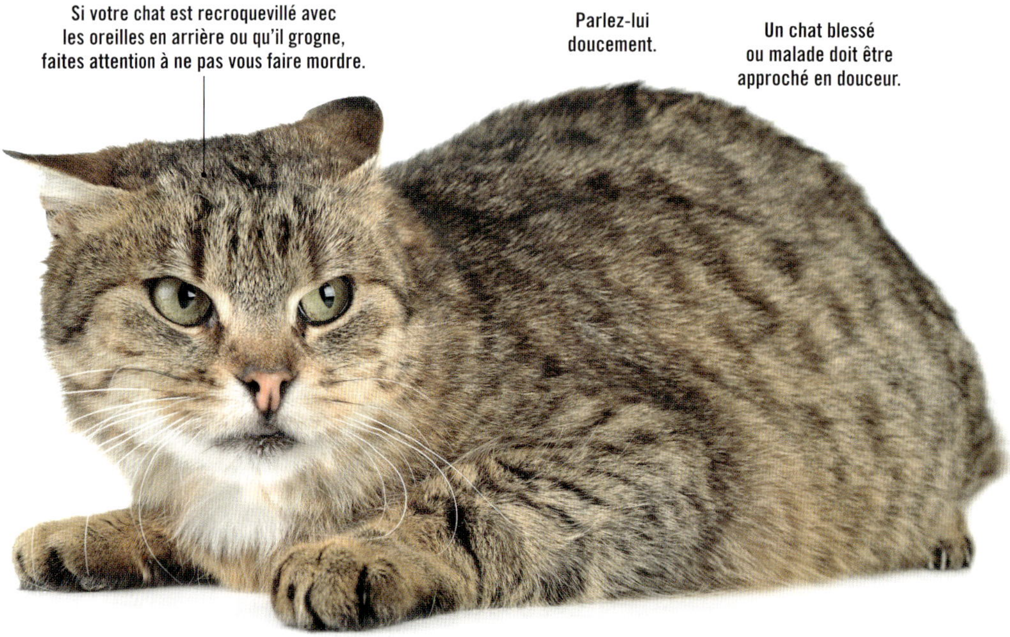

ÉVALUER LA FRÉQUENCE RESPIRATOIRE

Référence : 15 à 30 respirations par minute (ou cpm)
Afin de vérifier la fréquence respiratoire de votre chat, regardez-le respirer en lui faisant face :

1 Quand votre chat est assis, regardez sa poitrine.

2 Comptez le nombre de respirations pour 15 secondes.

3 Multipliez ce chiffre par 4 pour obtenir sa fréquence respiratoire.

4 Si le résultat est bien supérieur ou inférieur à la référence de base, contactez immédiatement une clinique vétérinaire.

5 S'il se situe dans la fourchette de base, observez si sa respiration est inhabituelle.

6 S'il respire de façon irrégulière, rapide, laborieuse, ou superficielle, contactez immédiatement une clinique vétérinaire.

Habituez-vous à la respiration normale de votre chat pour pouvoir remarquer des changements éventuels.

Chat adulte
15-30 cpm

Chaton
nouveau-né
20-40 cpm

L'APPAREIL RESPIRATOIRE DU CHAT

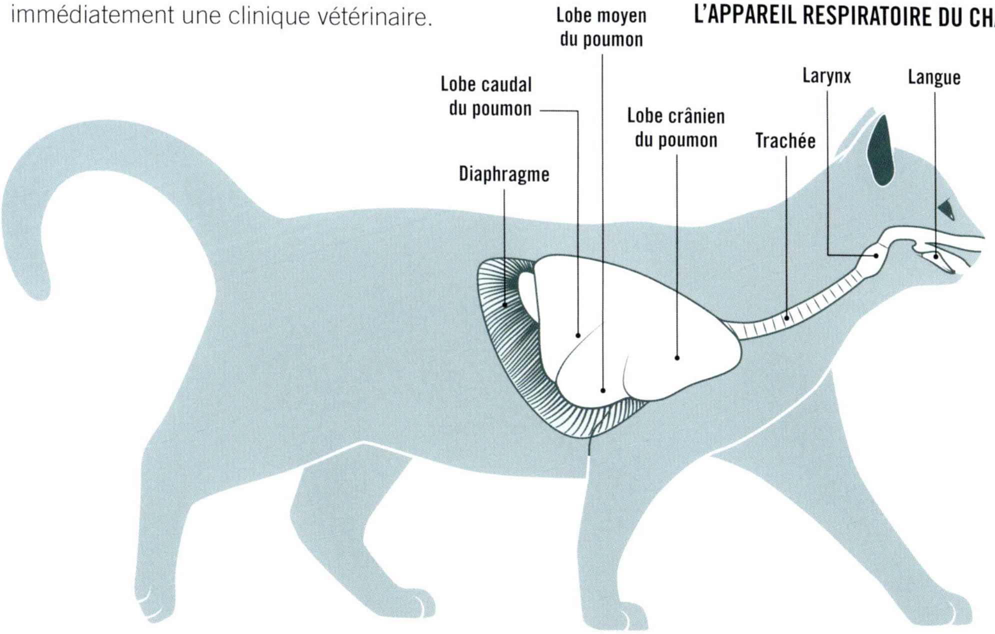

MESURER LA FRÉQUENCE CARDIAQUE

Référence : 120 à 220 battements par minute (bpm)

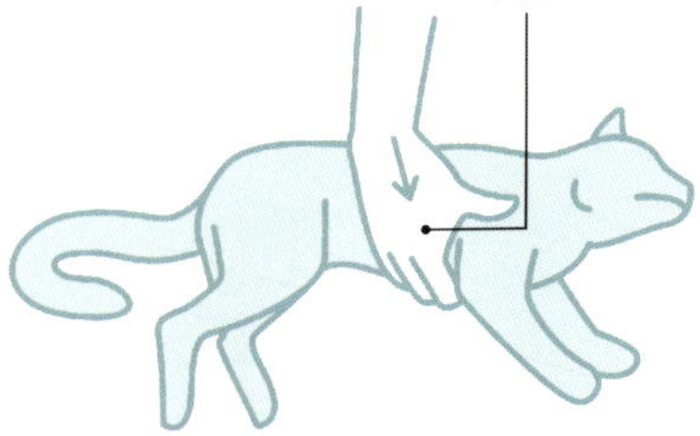

1 Pour trouver le cœur, placez une main sur le flan de votre chat, sous son coude gauche.

2 Appuyez doucement jusqu'à sentir son cœur.

3 Utilisez votre téléphone ou une horloge pour compter le nombre de battements pour 15 secondes.

4 Multipliez ce chiffre par 4 pour obtenir le nombre de battements par minute.

5 Si le résultat est bien supérieur ou inférieur à la fourchette de base, contactez immédiatement une clinique vétérinaire.

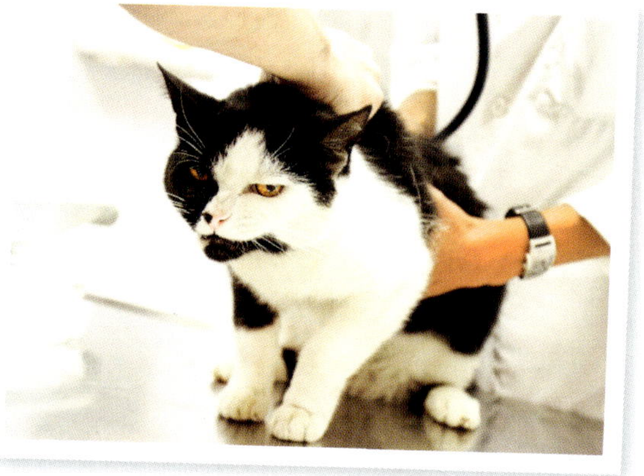

LE CŒUR DU CHAT

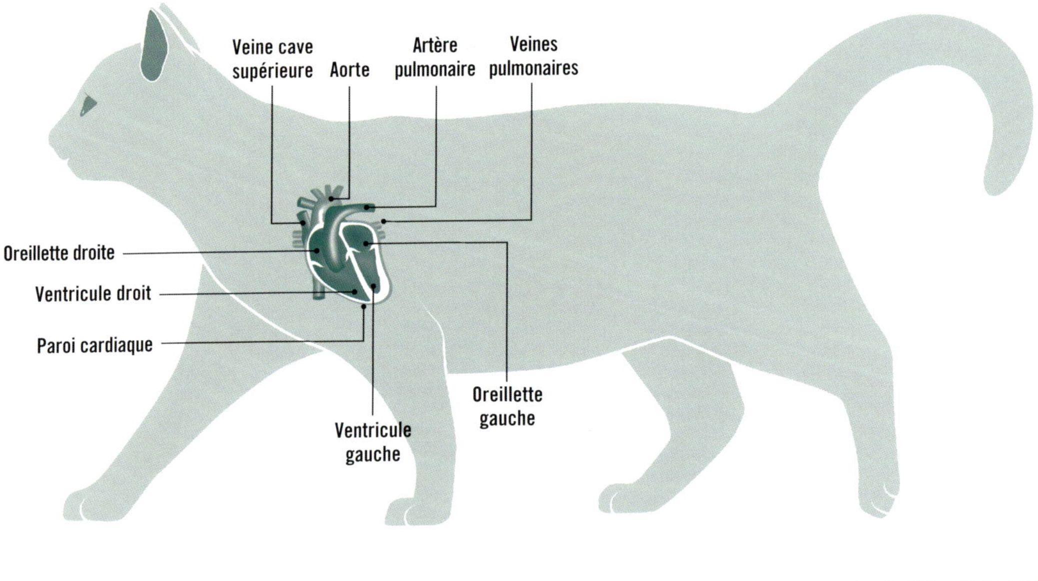

PRENDRE LA TEMPÉRATURE

Référence : 38 à 39 °C

On déconseille fortement de prendre soi-même la température de son chat. En effet, cela est stressant pour lui et il y a également un risque très important d'abîmer son anus/rectum par manque d'expérience (sans parler des blessures potentielles pour la personne qui souhaite prendre la température d'un chat réticent!). Il existe des thermomètres auriculaires, cependant ils ne sont pas assez fiables.

VÉRIFIER LES GENCIVES

Il est utile de vérifier les gencives de votre chat. En cas de problème, elles pourraient ne pas avoir leur teinte rosée naturelle et/ou être sèches au toucher. Si vous appuyez sur la gencive et qu'elle met plus de 2 secondes à retrouver sa couleur, cela peut indiquer que votre chat a un problème. Si les gencives sont pâles, sombres ou tout sauf rose, appelez un vétérinaire.

NOTE :

Si l'un de ces signes vitaux n'est pas normal, contactez immédiatement un vétérinaire.

ÉVALUATION PLUS APPROFONDIE

Si les signes vitaux de votre chat sont dans la normale mais que vous continuez à penser qu'il est blessé ou malade, examinez le reste de son corps. Si la réponse à toutes les questions ci-dessous est « oui », votre chat a besoin de soins.

Ci-dessous : si votre chat n'est pas dans son état normal, vous pouvez faire un bilan plus approfondi et chercher des signes de blessure ou de maladie sur le reste de son corps.

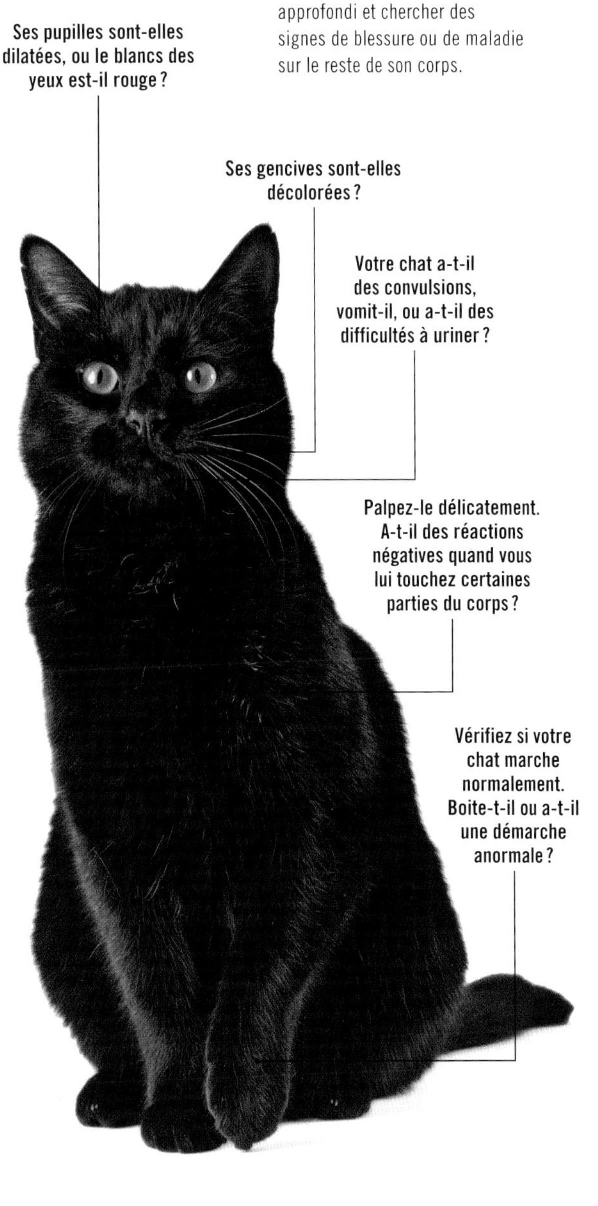

QUAND EMMENER VOTRE CHAT CHEZ LE VÉTÉRINAIRE

Si votre chat s'est blessé et que vous n'êtes pas en mesure d'évaluer la gravité de la situation, comment savoir s'il faut appeler le vétérinaire ? En cas de blessure, il vaut mieux être prudent.

Il n'est pas toujours évident de déterminer la gravité d'une blessure à l'œil nu. Si vous emmenez votre chat chez le vétérinaire, il vous dira peut-être que tout va bien, et en cas de doute, il aura l'expertise et le matériel nécessaire pour s'assurer que votre chat est pris en charge correctement. La plupart des cliniques vétérinaires préfèrent d'abord qu'on les appelle pour comprendre ce qu'il s'est passé, donner les conseils nécessaires et, s'il s'agit d'une urgence, s'assurer qu'une équipe compétente est prête à vous accueillir.

Ci-dessous : les chats sont très doués pour cacher les signes de blessure ou de maladie. Comme vous êtes la personne qui le connaît le mieux, si vous pensez qu'il y a quelque chose d'anormale, emmenez-le chez le vétérinaire pour un contrôle.

QUAND VOUS RENDRE CHEZ LE VÉTÉRINAIRE

Si votre chat montre des signes graves, il faut l'emmener chez le vétérinaire. Si votre cabinet habituel est fermé, appelez le vétérinaire de garde le plus proche.

Emmenez immédiatement votre chat à la clinique vétérinaire s'il souffre de l'un des problèmes suivants :

- Trauma (même s'il semble aller bien)
- Difficultés respiratoires
- Brûlures
- Intoxication possible
- Coup à la tête
- Chute depuis une hauteur
- Ingestion d'un objet
- Convulsion
- Électrocution
- Quasi-noyade

Ci-dessus : certains problèmes ne peuvent pas être solutionnés chez vous et nécessitent une prise en charge vétérinaire immédiate. Dans ces cas-là, vous pouvez faire en sorte de stabiliser l'état de votre chat, mais la priorité reste de l'emmener chez le vétérinaire.

Ci-dessus : si votre chat a été sous l'eau, emmenez-le chez le vétérinaire ; cela peut avoir engendré des conséquences impossibles à identifier par vous-même.

Emmenez immédiatement votre chat chez le vétérinaire s'il montre l'un des signes suivants :

- Forte fièvre
- Fréquence cardiaque élevée
- Fréquence respiratoire élevée
- Vomissements et/ou diarrhée à répétition
- Boitement
- Perte de connaissance
- Désorientation
- Gencives décolorées
- Convulsions longues ou multiples
- Écroulement
- Forte douleur
- Saignement abondant
- Paralysie
- Difficulté à uriner
- Perte d'appétit ou d'envie de boire
- Toux prolongée

Si vous n'êtes pas sûr, ou si des signes qui semblent légers persistent pendant plus de 48 heures, il est mieux d'emmener votre chat chez le vétérinaire pour un contrôle.

PROBLÈMES NE NÉCESSITANT PAS UN RENDEZ-VOUS D'URGENCE

Si votre chat s'est légèrement blessé et que vous l'avez soigné en suivant les méthodes détaillées dans ce livre, il reste conseillé de faire un contrôle chez le vétérinaire.

SOIGNER UNE PETITE BLESSURE

Ci-contre : si votre chat a une petite blessure, vous pouvez sûrement lui apporter les premiers soins chez vous grâce aux méthodes proposées dans ce livre, avant de l'emmener chez le vétérinaire.

Si vous utilisez un bandage, pensez à ne pas trop le serrer, vous devez pouvoir y passer 2 doigts.

COMPORTEMENT INHABITUEL

Si votre chat se comporte de manière inhabituelle (s'il montre ou demande trop d'affection, par exemple), il pourrait y avoir un problème sous-jacent.

Ci-dessous : surveillez de près la guérison de votre chat et restez attentif à tout changement de comportement qui pourrait indiquer qu'il souffre.

Si vous remarquez des signes ou des changements persistants dans le train de vie ou la façon habituelle dont ce comporte votre chat, emmenez-le chez le vétérinaire

PROBLÈMES POUVANT ÊTRE TRAITÉS CHEZ SOI

Certains problèmes mineurs – comme les petites coupures ou une piqûre d'abeille, par exemple – peuvent être gérés chez vous. Il est tout de même conseillé de demander l'avis de votre vétérinaire.

Une autre option s'offre à vous avec les applications vétérinaires disponibles sur smartphone ou tablette. Vous pouvez y poser une question ou faire une consultation vidéo avec un vétérinaire. Généralement les professionnels de santé animale n'établissent pas de diagnostic au téléphone, mais ils peuvent vous conseiller sur la nécessité d'aller ou non en urgence chez le vétérinaire.

Ci-dessous : en matière de soins pour les animaux, Internet est une mine d'informations incorrectes, mais il existe des applications et sites Internet qui proposent l'aide directe d'un vétérinaire.

NOTE :

Ne vous fiez pas à Internet pour trouver des informations fiables sur les premiers soins à apporter à votre chat. Les ressources trouvées compileront souvent un ensemble d'informations incorrectes et contradictoires. Pour obtenir des informations fiables, consultez les sites de cliniques vétérinaires ou d'association de protection des animaux. Pour les urgences et les premiers secours, contactez un vétérinaire.

KIT DE PREMIERS SOINS

Si votre chat montre l'un des signes décrits en page 63, vous devez l'emmener chez un professionnel. Il reste utile d'avoir une trousse à pharmacie sous la main pour les petits soucis et les soins à apporter chez vous.

QUE DEVEZ-VOUS AVOIR DANS VOTRE KIT DE PREMIERS SOINS ?

Il est bien sûr impossible de prédire un accident, mais avoir du matériel à disposition vous permettra de traiter efficacement les urgences et d'effectuer les bons gestes avant d'emmener votre chat chez le vétérinaire.

Ci-dessous : familiarisez-vous avec ce que contient le kit de premiers soins de votre chat et vérifiez que vous disposez de tout ce dont vous avez besoin. Veillez à ce que tout soit bien fermé hermétiquement et sans défaut. Pensez à bien remplacer tout ce que vous utilisez dans cette trousse.

Dans les quelques pages qui suivent, vous trouverez tout ce qu'il faut mettre dans la trousse à pharmacie de votre chat. Vous pouvez aussi en acheter un kit prêt à l'emploi en ligne ou en animalerie ; auquel cas n'hésitez pas à lire ce qui suit pour vérifier qu'elle est bien complète, vous renseigner sur ce qu'elle contient et son utilisation en cas d'urgence.

Vous trouverez très facilement la plupart des éléments de cette liste en pharmacie. Et comme beaucoup d'entre eux sont vendus en lot, vous pourrez peut-être même les utiliser pour réapprovisionner la trousse à pharmacie de la famille.

LES BASIQUES

Gants jetables en latex ou en caoutchouc

Ils sont indispensables pour protéger et éviter d'être directement en contact avec une infection quand vous manipulez un chat blessé. Si votre chat a tendance à être difficile, n'hésitez pas à glisser une paire de gants de jardinage dans votre kit.

Ci-dessous et à droite : vous trouverez la plupart du matériel pour la trousse de votre chat en pharmacie, même si certains accessoires spécifiques, comme le tire-tique, seront plus faciles à trouver chez un vétérinaire.

Ciseaux

Indispensables pour couper du ruban adhésif ou des bandages. Cependant, ils sont à éviter pour retirer les nœuds et les poils autour d'une plaie au risque de couper la peau de votre chat. Optez plutôt pour une petite tondeuse sans fil, en faisant toujours très attention.

Pinces à épiler

Utile pour retirer les échardes. Pensez à en avoir deux modèles : une plate, pour ne pas blesser votre chat, et une courbe pour enlever les objets dans la gueule.

Tire-tique

Pour retirer les tiques (voir page 49), le tire-tique est bien plus sûr et efficace qu'une pince à épiler.

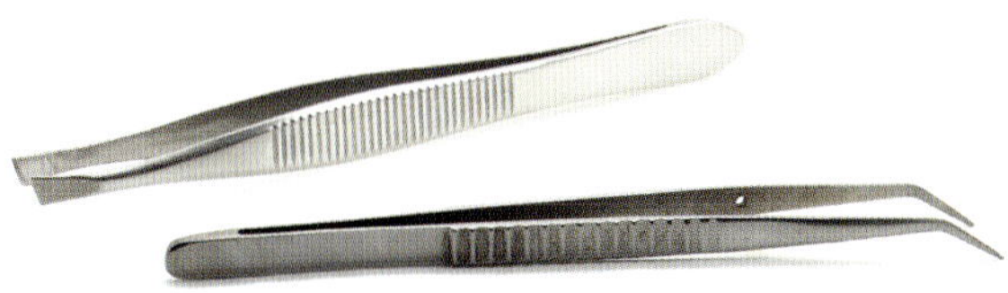

Serviette

Utile pour y allonger votre chat, le manipuler et le transporter, le garder au chaud et le nettoyer.

NETTOYER DES PLAIES

Sel
Indispensable pour faire une solution saline. C'est la meilleure option pour nettoyer une plaie chez vous avant de la panser.

Cotons-tiges et coton (en boule et en disque)
Utiles pour appliquer de la solution saline sur une plaie et nettoyer le sang.

Compte-gouttes ou seringue en plastique sans aiguille
Utile pour rincer des plaies avec une solution saline et pour administrer un traitement oral ou de l'eau.

Lingettes antiseptiques
Pour vous laver les mains avant de toucher une plaie. Pensez aussi à porter des gants pour vous protéger de tout agent infectieux présent dans la plaie.

À gauche et ci-dessous : tout le nécessaire pour soigner doit impérativement se trouver dans la trousse. Même si vous avez du sel dans la cuisine, gardez-en un pot dans le kit premier soins de votre chat pour tout réunir dans un seul et même endroit.

PANSER UNE PLAIE

Compresses

Utilisez des compresses pour envelopper une blessure et exercer une légère pression sur une plaie. Ne serrez pas trop les bandages près d'une extrémité pour ne pas couper la circulation du sang ou causer des frottements au niveau de la plaie.

Bandages non adhésifs

Pour protéger les plaies et réduire les saignements. N'utilisez pas de bandes adhésives. Les chaussettes pour bébé peuvent maintenir un bandage en place sans qu'il soit trop serré. Il suffit alors d'un petit morceau de ruban adhésif en haut de la chaussette pour la maintenir en place.

Ruban adhésif

Utile pour maintenir les compresses et les bandages en place.

MANIPULER VOTRE CHAT

Muselière

Pour éviter de vous faire mordre, et en dernier recours, utilisez un tissu doux ou un bas en nylon pour lui recouvrir la gueule. Ne muselez pas un chat qui vomit.

Ci-dessous : le kit de premiers soins de votre chat ne doit se composer que de bandages non adhésifs et de compresses. Les pansements adhésifs et autres sparadraps ne sont pas adaptés pour eux.

AUTRES INDISPENSABLES

Solution saline
À appliquer dans l'œil en cas de blessure.

Liste de numéros de téléphone importants
Liste sur laquelle figurent les numéros de votre vétérinaire, de la clinique d'urgence ouverte 24 h/24 et d'un centre antipoison.

Le carnet de santé de votre chat
Ce document doit contenir toutes les prescriptions que votre chat prend et son historique vaccinal complet. Il sera très pratique de pouvoir fournir ces informations dès votre arrivée au cabinet, surtout si, en cas d'urgence, vous devez vous rendre dans une autre clinique.

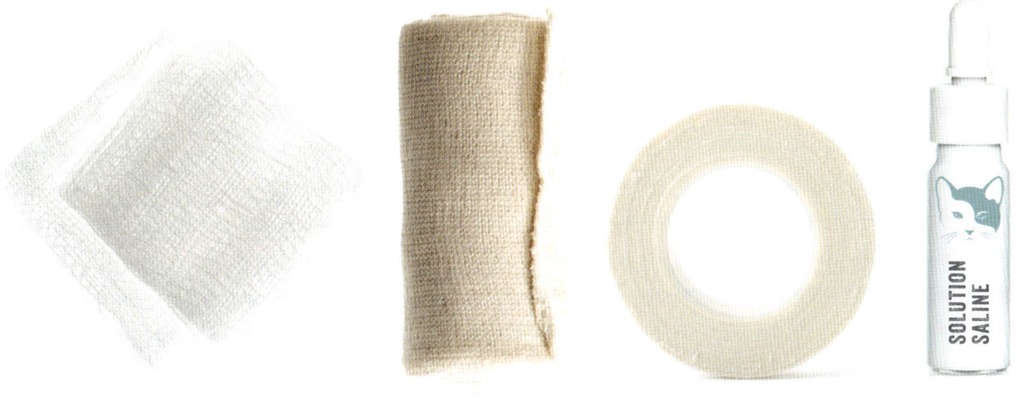

MANIPULER VOTRE CHAT

Si votre chat est blessé, malade ou souffrant, il y a des chances que son tempérament change. Il aura peut-être tendance à plus se cacher, ne pas vouloir être manipulé et à se montrer plus agressif. Même les chats les plus doux peuvent devenir agressifs quand ils ont mal.

APPROCHER DE VOTRE CHAT

Avant de vous approcher de votre chat, fermez si possible toutes les issues : fenêtres, portes, chatières.

Comme pour les premiers secours à apporter aux êtres humains, il est conseillé de chercher la présence éventuelle d'un trauma avant toute manipulation. Soyez particulièrement attentif à une blessure à la tête, une démarche non coordonnée, ou une désorientation. Si votre chat n'est pas capable de se lever, appelez le vétérinaire et demandez-lui conseil ; une personne du cabinet sera peut-être envoyée à votre domicile.

La manipulation d'un chat blessé doit se faire avec beaucoup de précautions pour éviter de le stresser, d'aggraver la blessure, mais aussi de vous blesser. Si votre chat est blessé, procédez comme suit :

• Examinez votre chat en faisant des mouvements doux et lents.

• Éloignez toujours votre visage de sa gueule au cas où il essayerait de mordre.

• Si vous remarquez que votre chat est blessé, gardez votre calme. Si vous avez l'air détendu, votre chat sera plus docile et moins agressif.

NOTE :

N'oubliez pas que les chats sont très doués pour cacher la douleur.

• Avant de le déplacer, dressez un premier bilan (voir page 58).

• Si votre chat est blessé au niveau de la tête ou de la colonne vertébrale, essayez de ne pas le bouger et appelez immédiatement votre vétérinaire. Il est possible que l'on vous demande d'immobiliser sa tête avant de le déplacer.

Peu importe la blessure, appelez toujours un vétérinaire. Chez le chat, même des blessures en apparence légères peuvent entraîner de graves problèmes de santé. Expliquez au vétérinaire ce qu'il s'est passé, demandez-lui conseil, et dites-lui que vous êtes en route pour son cabinet. Dans certains cas, vous serez en mesure de prodiguer les premiers soins avant d'emmener votre chat au cabinet. Si vous pensez qu'un os est cassé ou qu'il s'agit d'une foulure, essayez d'envelopper la zone concernée pour en restreindre les mouvements avant de le déplacer.

ASTUCES POUR APPROCHER DE VOTRE CHAT

Pour vous approcher de votre chat sans le stresser, suivez les étapes suivantes :

1 Approchez-vous de lui calmement, en lui parlant avec une voix douce.

2 Rapprochez-vous de lui et mettez-vous à sa hauteur.

3 Continuez de lui parler et observez s'il change de comportement (langage corporel, pupilles dilatées et miaulements).

4 Si votre chat semble agressif ou apeuré (il peut grogner ou siffler, avoir les pupilles dilatées, et les oreilles en arrière), n'essayez pas de le caresser.

RASSUREZ VOTRE CHAT

5 S'il ne semble pas agressif (il peut être accroupi ou recroquevillé, ronronner ou frissonner), rassurez-le en lui caressant l'arrière de la tête. Si vous le sentez à l'aise, réconfortez-le en le caressant comme vous le feriez d'habitude.

Ci-dessous : même si, habituellement, votre chat est affectueux et non agressif, son comportement peut changer s'il est blessé ou malade. Il faut donc vous en approcher dans le calme et la prudence.

IMMOBILISER UN CHAT COOPÉRANT

La manière dont vous manipulez votre chat dépendra de son comportement et de la présence, ou non, d'une personne pour vous aider. Si votre chat n'est pas coopératif, référez-vous aux indications sur la page ci-contre. S'il ne montre pas de signes d'agressivité, vous pouvez l'immobiliser en utilisant la méthode suivante :

1

1 Attrapez votre chat par en dessous et portez-le au niveau de votre poitrine pour qu'il soit entre votre bras et votre corps.

2

2 Passez ensuite la main la plus proche de sa tête sous son ventre de manière à soutenir ses pattes et son corps.

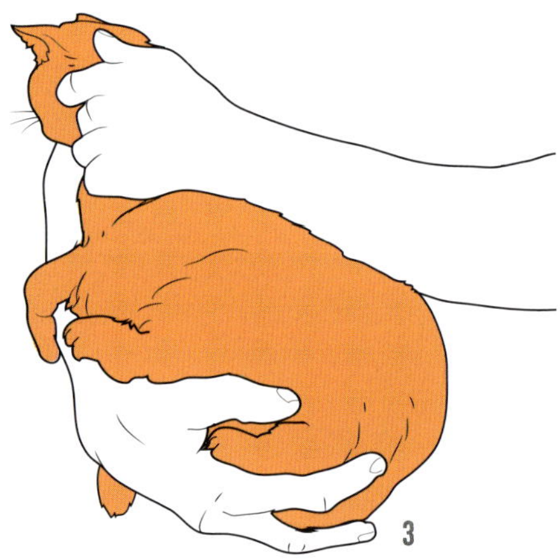
3

3 Avec l'autre main, maintenez-lui la tête pour éviter qu'il ne la bouge.

NOTE :

Surtout, ne muselez jamais votre chat s'il vomit, cela pourrait causer un étouffement, voire la mort.

IMMOBILISER UN CHAT MOINS COOPÉRANT

Si votre chat cherche à s'enfuir ou montre des signes d'agressivité, suivez les étapes suivantes :

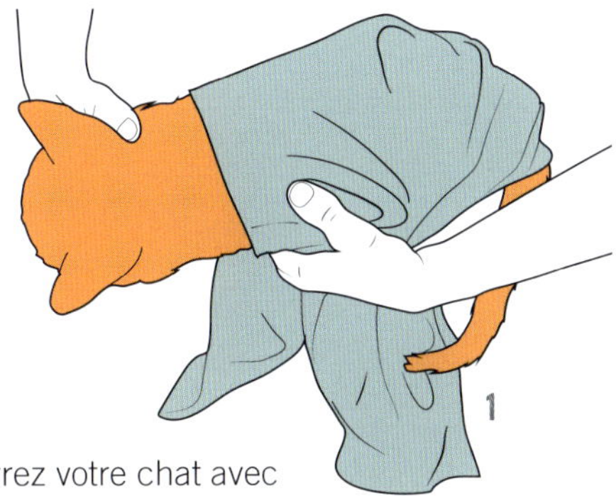

1

3

1 Couvrez votre chat avec une serviette ou une couverture.

2 Vérifiez que toutes ses pattes sont bien sous le linge.

3 Ramassez-le en l'enveloppant dans la serviette ou la couverture.

4 Examinez-le en ne découvrant que la zone blessée.

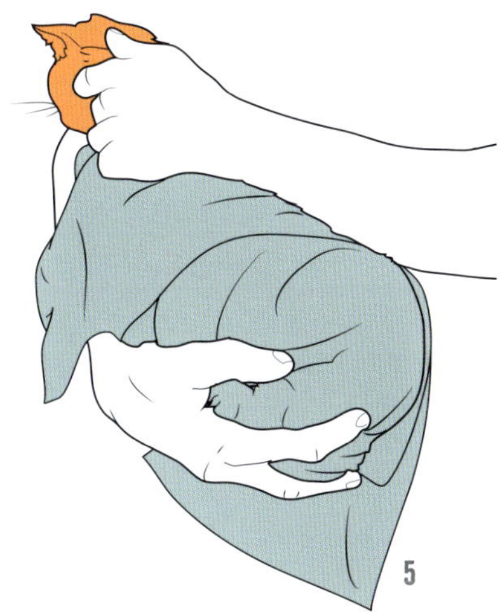

5

5 S'il s'est blessé à la tête ou à la colonne vertébrale, immobilisez sa tête.

EN DERNIER RECOURS

Comme il s'agit d'une manipulation assez stressante pour le chat, utilisez-la uniquement en dernier recours sur un animal agressif. N'attrapez jamais votre chat par la peau du coup sans lui soutenir les pattes arrière. En plus d'être douloureux, cela peut entraîner des lésions musculaires.

- Soulevez votre chat en l'attrapant juste en dessous des oreilles, par la peau lâche au niveau de la nuque.
- Avec l'autre main, tenez ses pattes arrière.
- Posez-le sur une table ou une surface plane, sa blessure face à vous.
- Gardez ces prises pour l'étirer en allongeant délicatement la nuque vers avant et les pattes vers l'arrière.
- Si votre chat continue de s'agiter, mettez-le dans une grosse boîte ouverte.

TRANSPORTER VOTRE CHAT

Après avoir dressé un premier bilan et administré les soins nécessaires, mettez votre chat dans une caisse de transport avec une de vos couvertures ou serviettes. L'odeur le réconfortera et l'intérieur de la caisse sera plus douillet. Pour aider votre chat à se sentir plus à l'aise, n'hésitez pas à couvrir un peu sa caisse.

Si vous êtes en voiture, attachez la caisse de transport à l'arrière avec une ceinture de sécurité. Ne laissez pas votre chat en liberté dans le véhicule pendant le trajet.

S'il fait très chaud, prenez un pain de glace enveloppé dans une serviette pour éviter à votre de se sentir mal. S'il fait froid et que votre chat frissonne, placez une couverture sur sa caisse de transport ou enveloppez-le dans une serviette pour le garder au chaud. Comme les êtres humains, après un trauma, les chats peuvent être en état de choc (voir page 116). N'oubliez pas d'amener le kit de premiers soins et les documents importants avec vous chez le vétérinaire.

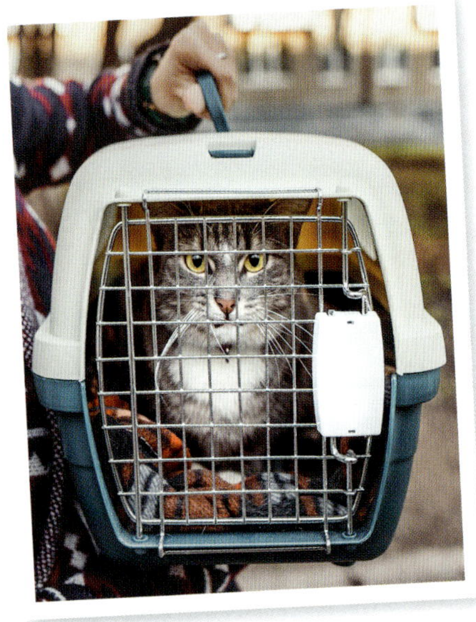

Ci-dessus : votre chat sera ravi d'avoir une couverture confortable qu'il connaît bien pour le trajet. N'oubliez pas de la laver avant de la remettre dans son panier pour retirer l'odeur du cabinet vétérinaire.

GÉRER UN ÉTAT DE CHOC page 117

TRANSPORT SUR UNE CIVIÈRE

Si votre chat est inconscient et que vous soupçonnez une blessure à la colonne vertébrale, essayez de fabriquer une civière avec une couverture ou une serviette bien tendue, ou une planche ou un carton rigide.

Si le support que vous utilisez n'est pas souple, attachez-y votre chat (pas la tête ni le cou) en nouant de la corde ou des morceaux de tissu autour de son corps et du support.

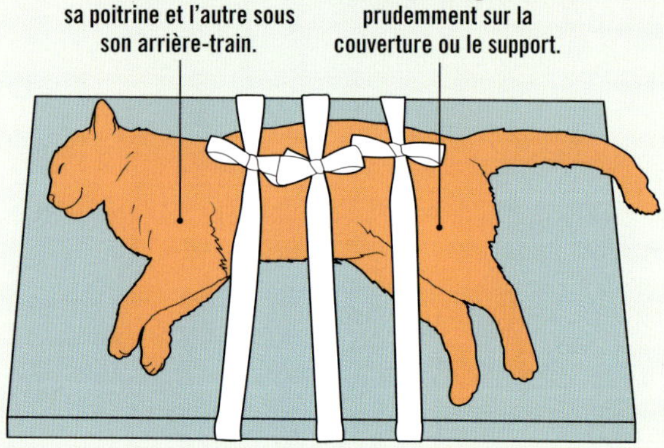

LES CRITÈRES D'UNE CAISSE DE TRANSPORT

Une caisse de transport de seconde-main fera très bien l'affaire, vérifiez juste que toutes les attaches et jointures sont bien solides.

- Les caisses en plastique ou fibres de verre sont l'option la plus sûre et la plus confortable.

- Les caisses avec une ouverture sur le dessus et une autre sur le devant/côté sont idéales pour réduire le stress du chat. Vous pouvez y glisser l'animal par le haut et le faire sortir par l'avant ou sur le côté.

- Les cages de transport en métal font l'affaire, mais ne sont pas aussi confortables qu'une version en plastique. Leur socle n'est pas non plus toujours très étanche.

- Les caisses souples font l'affaire tant qu'elles sont solides, ventilées et assez grandes pour le chat. En revanche, ces caisses ne protègent pas en cas d'impact et elles ne sont pas étanches.

ASTUCES POUR UN TRANSPORT EN VOITURE CONFORTABLE

- Pulvérisez des phéromones de synthèse pour apaiser le chat dans la caisse.
- Mettez des friandises ou de l'herbe à chat dans la caisse.
- Ne mettez pas plus d'un chat par caisse.
- Couvrez partiellement la caisse avec une couverture.
- Évitez les gros bruits dans la voiture, et parlez doucement à votre chat pendant tout le trajet.
- Fermez les fenêtres du véhicule.
- Gardez la voiture à une température agréable.
- Conduisez prudemment, en évitant les arrêts brusques et virages rapides.

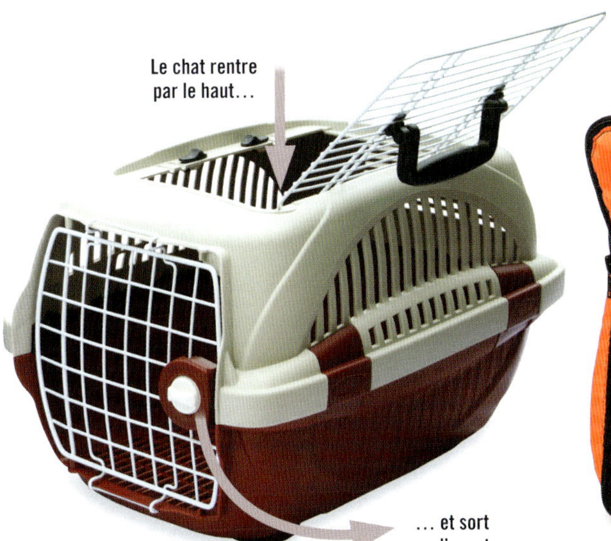

Le chat rentre par le haut…

… et sort par l'avant.

Les caisses de transport souples sont plus légères et plus faciles à ranger, mais elles protègent moins votre chat.

NETTOYER ET PANSER DES BLESSURES LÉGÈRES

Avant toute chose, commencez par mettre une paire de gants jetables. Les blessures de morsures de chat contiennent souvent du pus et des sécrétions qui peuvent entrer en contact avec votre peau et vous transmettre une infection.

NETTOYER UNE PETITE PLAIE

NOTE :

Si votre chat est stressé ou lutte, arrêtez tout pour qu'il ne se blesse pas davantage, ou qu'il vous blesse.

1 Stoppez les saignements (voir page 137).

2 Immobilisez votre chat et observez sa plaie sans la toucher.

3 Si vous apercevez un corps étranger, n'y touchez pas et allez chez le vétérinaire.

4 Si la blessure est profonde, ne la nettoyez pas ; couvrez-la d'une compresse propre ou d'un linge et allez chez le vétérinaire.

5 Si la plaie ne contient pas de corps étranger et semble peu profonde, appliquez un lubrifiant à base d'eau autour et utilisez une tondeuse ou des ciseaux à bouts ronds pour couper les poils autour de la plaie en faisant très attention.

6 Rincez la plaie avec une solution saline (voir page 80).

7 N'utilisez pas vos doigts pour retirer des gravillons ou frotter la zone.

8 Vous pouvez sécher délicatement la zone autour de la plaie, mais pas la plaie elle-même. Toucher la plaie avec une serviette ou du papier risquerait de l'aggraver davantage et de perturber le processus de guérison en déplaçant des cellules épithéliales qui migrent depuis les bords vers le centre de la plaie pour la guérir.

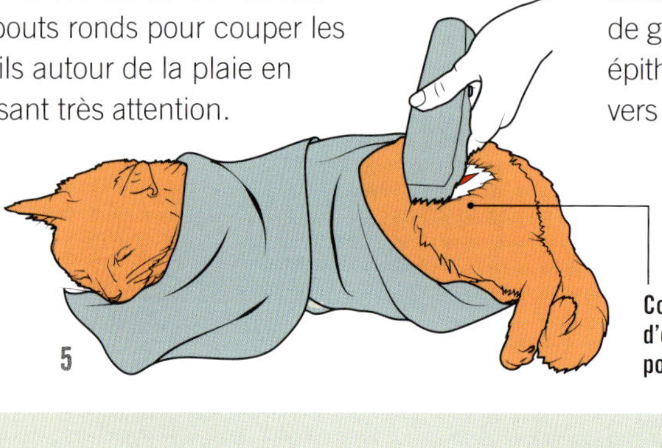

5

Commencez par appliquer du lubrifiant à base d'eau autour de la plaie pour empêcher les poils de s'y coller au moment de les couper.

PANSER UNE PETITE PLAIE

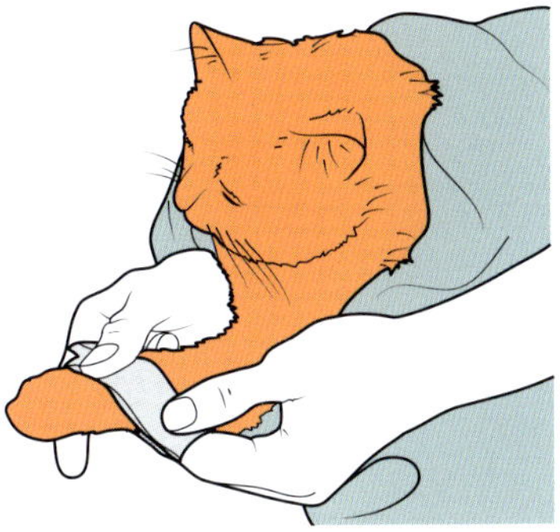
1

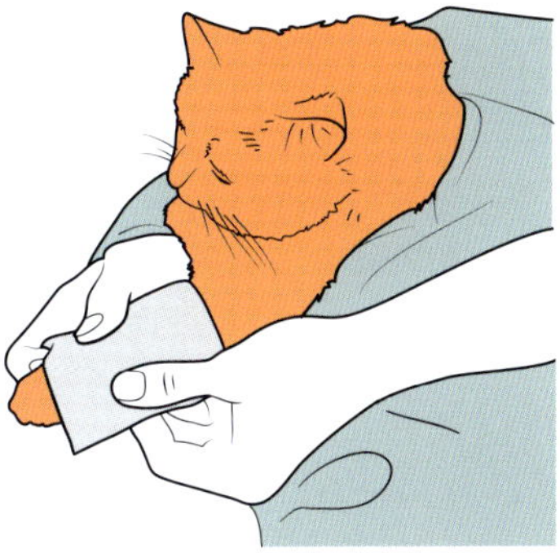
2

1 Appliquez une compresse non adhésive sur la plaie et recouvrez-la d'un bandage en coton.

2 Ajoutez 2 autres couches de compresse, si possible en dépassant un peu de part et d'autre de la plaie.

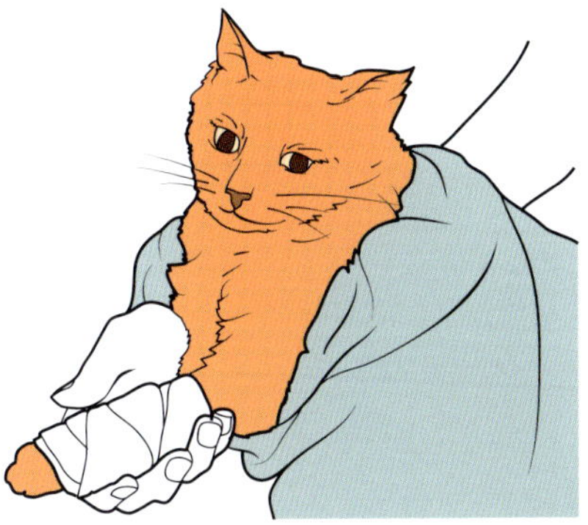
3

3 Finissez par un pansement ou un bandage non adhésif pour maintenir le tout en place, l'idéal étant d'utiliser une chaussette pour enfant. Serrez le bandage pour qu'il ne s'en aille pas, mais pas trop non plus, vous devez pouvoir y glisser 2 doigts.

COLLERETTE SOUPLE

4 Veillez à ce que le pansement reste propre et sec. Pour éviter que votre chat ne toilette trop cette zone, mettez-lui une collerette (voir page 172).

5 Changez le pansement toutes les 24 heures.

NOTE :

Si vous remarquez des gonflements, des odeurs, des sécrétions, ou des rougeurs, emmenez votre chat chez le vétérinaire.

PROBLÈMES DE PELAGE

Les problèmes au niveau du pelage peuvent être d'ordre parasitaire, allergique ou nutritionnel. Si votre chat se lèche, se toilette, se gratte ou se mord beaucoup la peau ou le pelage, si une zone est gonflée, s'il a des zones sans poils ou en a perdu beaucoup, emmenez-le chez le vétérinaire.

INFECTION FONGIQUE

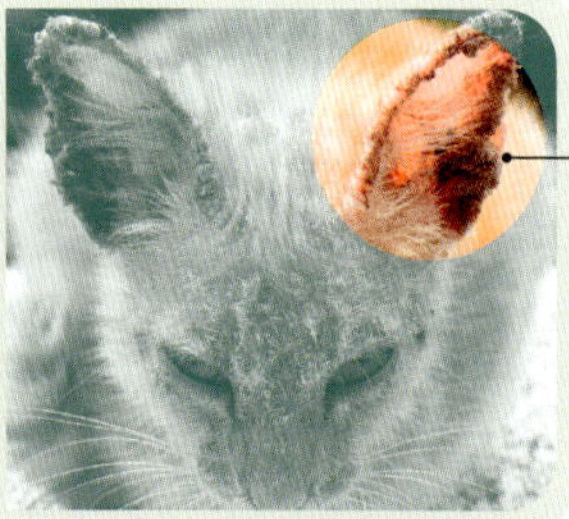

À gauche : il existe différentes formes d'infections fongiques et certains chats y sont génétiquement prédisposés. Les infections fongiques peuvent être le signe d'une autre maladie ou allergie.

ALLERGIE AUX PUCES

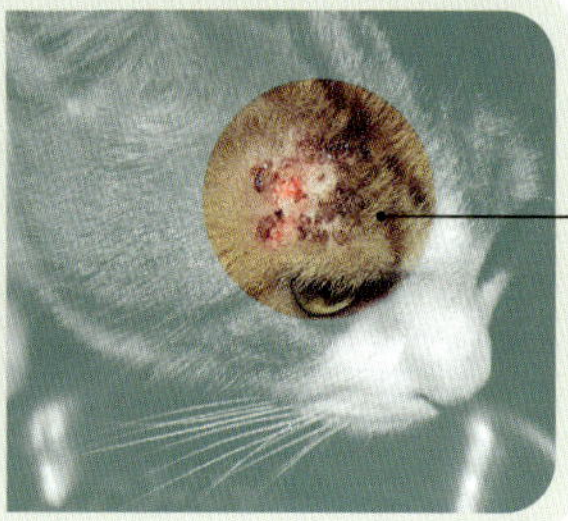

Ci-dessus : les signes d'une allergie aux puces chez le chat sont : un grattage intensif, des lésions et une perte de poils, surtout au niveau de l'arrière-train, de la tête et du cou.

NETTOYER LE POIL DE VOTRE CHAT S'IL SE SALIT

Si votre chat se salit avec des substances dangereuses, comme de la peinture, suivez les étapes suivantes :

1 Pour empêcher votre chat de lécher la substance en question, mettez-lui une collerette (voir page 172).

2 Rincez à l'eau chaude, pour retirer autant de substance que possible.

3 N'utilisez pas d'autres produits (comme du décapant) pour essayer de nettoyer votre chat.

4 Si seule une petite zone est concernée, vous pouvez peut-être envisager de la tondre.

5 Emmenez votre chat chez le vétérinaire, où on saura le laver, sous tranquillisant si besoin.

PELAGE ET PATTES SALIES PAR DE LA PEINTURE

Ci-contre : les lésions cutanées pustuleuses sont des petites bosses remplies de pus que l'on appelle des pustules. Celles-ci se forment quand la barrière cutanée s'est abîmée, par exemple à cause d'une morsure ou d'une égratignure, ce qui permet à des bactéries de pénétrer et déclencher une infection. Les réactions allergiques peuvent elles aussi causer l'apparition de petites pustules qui démangent.

PUSTULES

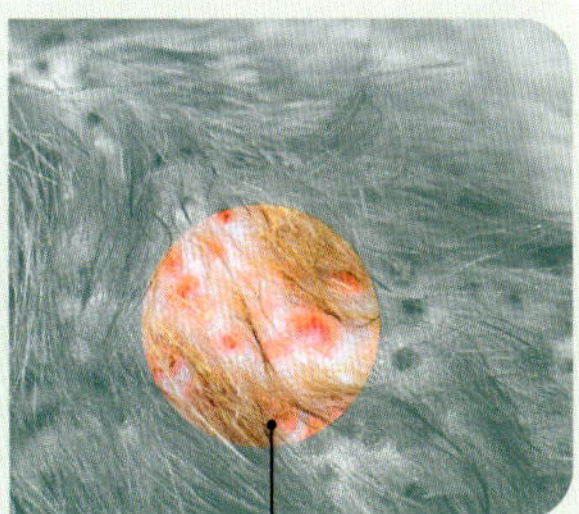

Ci-dessous : la dermatite allergique peut être due à une allergie alimentaire ou à des puces. Elle peut entraîner des démangeaisons et des rougeurs au niveau de la peau et une chute de poils. La dermatite atopique, moins répandue, peut être causée par des acariens, le pollen des arbres et des graminées.

DERMATITE ALLERGIQUE

PROBLÈMES OCULAIRES

Les yeux sont très sensibles et les blessures non soignées dans cette zone peuvent se transformer en problèmes sérieux.

Ci-dessous : si votre chat a quelque chose de petit dans l'œil qui n'est pas en train de lui perforer la cornée, vous pouvez utiliser un linge propre pour délicatement le lui enlever avant de rincer son œil à la solution saline.

Lavez l'œil infecté avec une solution saline et utilisez une lingette propre à chaque application pour éviter une nouvelle infection.

FAIRE VOTRE SOLUTION SALINE

La solution saline peut servir à nettoyer les plaies, les sinus et les yeux. Voici une recette pour faire la vôtre :

- Portez 500 ml d'eau à ébullition, puis laissez refroidir jusqu'à ce que l'eau soit tiède.
- Dissolvez 1 cuillère à café de sel dans l'eau.

L'ŒIL DU CHAT

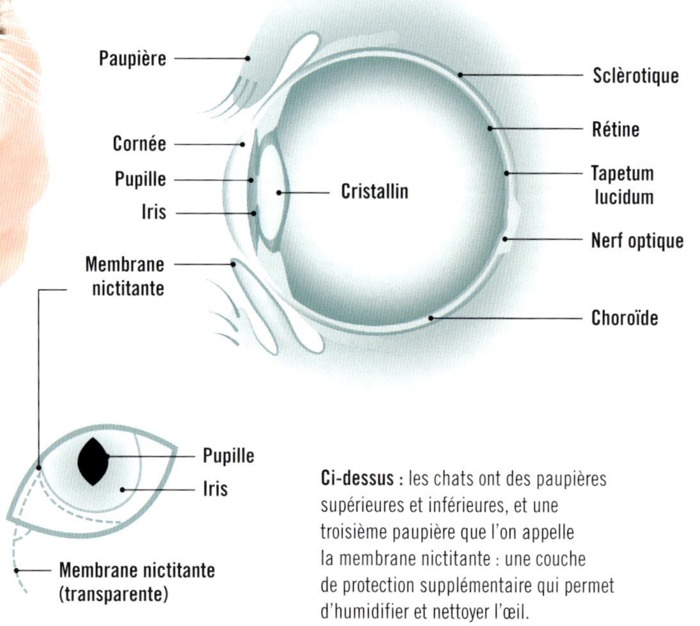

Ci-dessus : les chats ont des paupières supérieures et inférieures, et une troisième paupière que l'on appelle la membrane nictitante : une couche de protection supplémentaire qui permet d'humidifier et nettoyer l'œil.

SOIGNER LES PROBLÈMES OCULAIRES

• Si vous remarquez des sécrétions au niveau de l'œil (qui peuvent être colorées, croûteuses ou fluides), essuyez-les délicatement avec un linge propre trempé dans l'eau chaude.

• Si l'œil est sorti de son orbite, humidifiez-le avec une solution saline et recouvrez l'œil d'un linge humide.

• Si l'œil saigne, pressez une compresse non adhésive sur la zone. Vous pouvez utiliser un bandage pour la maintenir. Laissez la compresse pendant 10 minutes. Si le sang traverse la gaze, rajoutez-en d'autres par dessus. Ne retirez pas la première couche pour ne pas empêcher la coagulation.

• Si l'œil n'est pas perforé, mais que vous y remarquez quelque chose de petit, essayez de le rincer à l'eau bouillie, mais refroidie.

Dans tous ces scénarios, vous devez emmener votre chat chez le vétérinaire immédiatement. Il en va de même si son œil est gonflé, trouble, ou présente des coupures ou des déchirures, si votre chat n'est pas capable de fermer ou d'ouvrir l'œil correctement, ou si sa troisième paupière (une membrane rosée qui recouvre l'œil en parant du coin interne) est fermée.

Ci-dessous : les yeux sont des organes très délicats. Si l'œil de votre chat semble blessé, gonflé, trouble, ou douloureux, vous devez aller chez le vétérinaire.

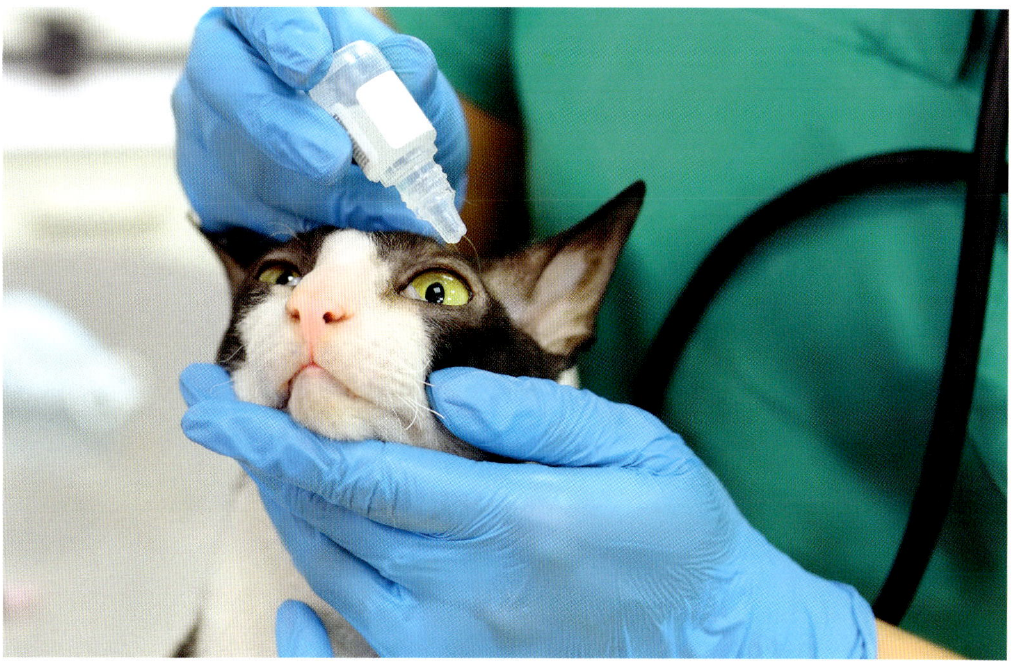

RÉCUPÉRER UN CHAT COINCÉ

Le scénario classique du chat coincé dans un arbre n'est pas si rare. Grâce à ses griffes, les chats sont très doués pour grimper dans les arbres. Ils le sont en revanche beaucoup moins quand il s'agit de redescendre.

Les chats ont aussi l'art de trouver des interstices entre un meuble et un mur dans lesquels se faufiler. Si votre chat a l'air coincé, mais que sa santé ne semble pas compromise, ne paniquez pas. Vous trouverez quelques astuces sur la page ci-contre pour essayer de le récupérer.

Si vous êtes à court d'idées, demandez de l'aide à quelqu'un. Les pompiers ne se déplacent généralement pas, mais, selon l'endroit où votre chat est coincé, vous pouvez faire appel à un arboriculteur, un ouvrier du bâtiment ou un plombier. Si quelqu'un d'autre que vous va chercher votre chat, proposez-lui des gants de jardinage au cas où votre chat essayerait de le griffer et donnez-lui également la caisse de transport avec quelques friandises à l'intérieur pour pouvoir redescendre ou sortir le chat.

Ci-dessous : une fois le chat dans les bras, tenez-le bien pour éviter qu'il ne s'échappe. S'il vous saute soudainement des bras, ne cherchez pas à le rattraper.

MÉTHODES POUR RÉCUPÉRER UN CHAT COINCÉ

Pour récupérer un chat coincé dans un arbre ou un autre endroit difficile d'accès, suivez les étapes suivantes :

1 Créez un environnement calme sans trop de stimuli. Demandez aux enfants de quitter l'endroit et tenez les chiens à distance.

2 Appelez votre chat.

3 Proposez-lui son jeu préféré.

4 Laissez un peu de sa nourriture préférée près de l'endroit où il est coincé et éloignez-vous. Avec une friandise en guise d'objectif, il arrivera peut-être à se décoincer tout seul.

5 Utilisez un pointeur laser pour lui montrer comment redescendre.

Ci-dessus : si votre chat est coincé, il est probablement stressé. Parlez-lui calmement et doucement pour le rassurer.

Si, après un jour et une nuit, aucune de ces astuces ne fonctionne, vous devrez passer à des méthodes plus actives. Si votre chat est en hauteur, dans un endroit difficile d'accès, essayez de mettre en place une sorte d'échelle qu'il pourra utiliser pour redescendre. Si vous n'avez pas d'échelle, vous pouvez utiliser une branche ou tout objet pouvant faire office de rampe et rendre la descente moins abrupte.

Ci-dessus et ci-contre : la meilleure façon de déloger un chat coincé est de l'attirer avec ses objets préférés. Prenez ses jouets fétiches et amadouez-le pour qu'il revienne en lieu sûr.

SOINS POSTOPÉRATOIRES

Après une opération, votre vétérinaire vous expliquera comment vous occuper de votre chat et vous indiquera les médicaments à lui administrer. Il est très important de bien suivre ses consignes. Quand vous allez chercher votre chat à la clinique, pensez à prendre de quoi écrire pour noter les indications du vétérinaire. Autre option : demandez-lui la permission d'enregistrer la conversation sur votre smartphone, et si vous avez un doute, n'hésitez pas à rappeler la clinique.

RASSURER VOTRE CHAT APRÈS UNE OPÉRATION

Après une opération, votre chat ne sera sûrement pas dans son état normal. Une fois de retour à la maison, vous devrez donc faire le maximum pour qu'il se sente bien. Vous pouvez déplacer son couchage dans un lieu calme, loin des autres animaux et des personnes de la maison. Votre chat sera sûrement encore somnolant le temps que l'anesthésie si dissipe complètement, il est donc bien de le laisser se reposer et de ne pas trop le déranger. Si après 12 heures, il n'a pas retrouvé son état habituel, appelez le vétérinaire pour savoir qu'il se passe.

NOURRIR VOTRE CHAT APRÈS UNE OPÉRATION

Dans les heures qui suivent l'opération, votre chat n'aura peut-être pas envie de manger. Au cas où il aurait faim, mettez-lui un peu de sa nourriture préférée à disposition et pensez à remplir son bol avec de l'eau fraîche. Si votre chat réussit à manger sans vomir, proposez-lui une autre petite portion 1 heure plus tard. Si on l'a intubé pendant l'opération, il est aussi possible qu'il tousse légèrement, en général cela ne dure que quelques jours.

Ci-contre : votre chat n'appréciera sûrement pas de devoir porter une collerette, mais n'oubliez pas que cela permet d'éviter qu'il infecte sa plaie en la léchant.

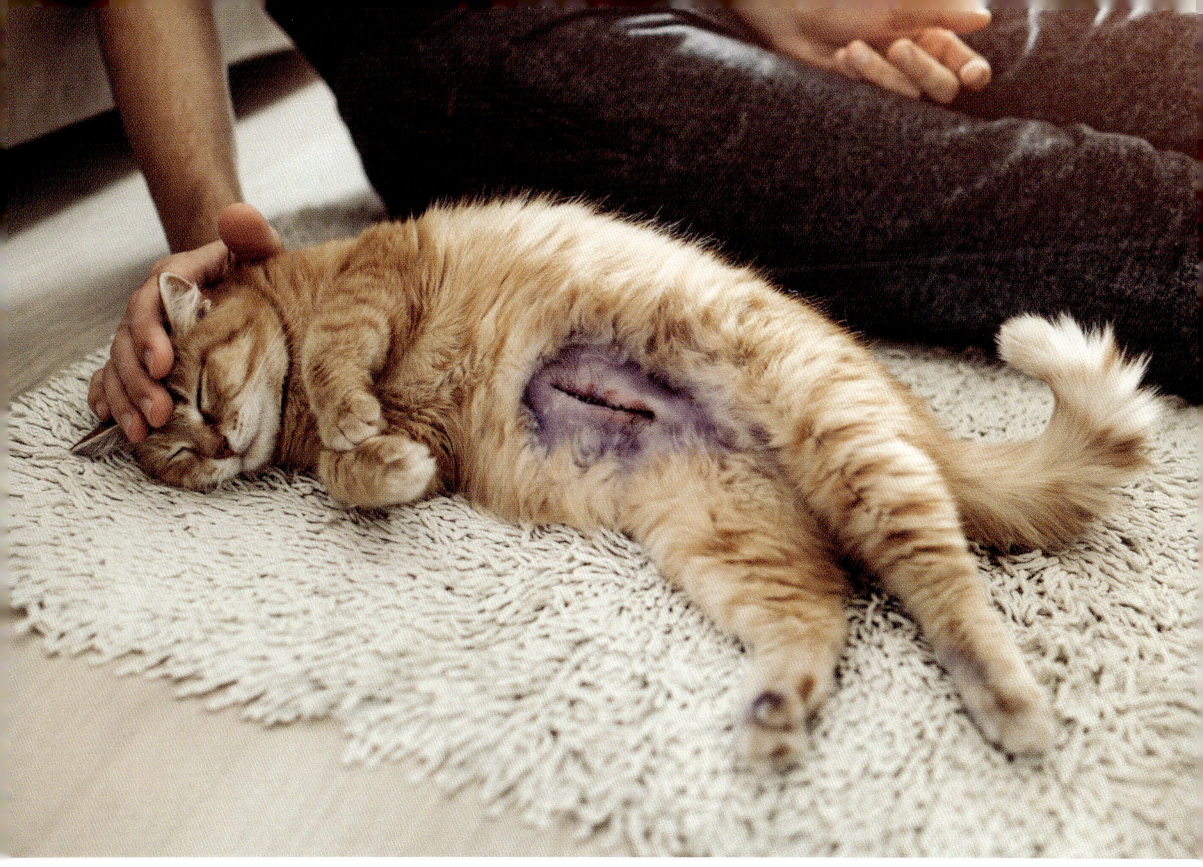

Ci-dessus : après une opération, votre chat sera sûrement fatigué. Essayez de ne pas trop le déranger et laissez-le dormir là où il se sent bien et en sécurité. La plaie de ce chat a été recouverte de spray antibactérien au violet de gentiane.

EXERCICES APRÈS UNE OPÉRATION

Ne laissez pas votre chat sortir avant une cicatrisation complète et essayez de l'empêcher de faire trop d'exercice. Suivez les conseils de votre vétérinaire et laissez votre chat aller dehors seulement quand il y sera autorisé. Après une opération, vous devez limiter son activité physique pendant au moins 1 semaine (cela peut varier en fonction du type d'intervention).

SOIGNER DES PLAIES CHIRURGICALES

Si votre chat a eu des points de suture, il faudra peut-être retourner chez le vétérinaire 10 à 14 jours plus tard pour retirer les fils, sauf s'ils sont résorbables.

Vérifiez la zone opérée tous les jours et si vous observez quelque chose d'inhabituel (saignements, sécrétions, rougeurs ou gonflements), si votre chat semble avoir mal ou si son état semble se détériorer, appelez le vétérinaire.

Si la plaie est une zone que votre chat peut lécher, il devra sûrement porter une collerette pendant la cicatrisation. Assurez-vous qu'il la porte en permanence, même la nuit.

SUIVI APRÈS UNE BLESSURE

Que vous ayez emmené votre chat chez le vétérinaire pour qu'il soigne une plaie, ou que vous ayez nettoyée et pansée vous-même une petite plaie, il y a ensuite certaines étapes à respecter pour éviter le risque d'infection et privilégier une cicatrisation saine et rapide.

Il est essentiel de veiller à ce que plaies et bandages restent propres et secs. La plaie Les chats ont tendance à lécher une plaie et parfois à la gratter. Si vous remarquez que votre chat lèche, gratte ou mordille une plaie ou un pansement, vous devez lui mettre une collerette. Vous en trouverez chez votre vétérinaire, ou vous pouvez la fabriquer vous-même (voir page 172).

COLLERETTE

Ci-dessus et ci-contre : après une opération, surveillez votre chat et faites le nécessaire pour que la plaie ne s'infecte pas. Cela peut nécessiter l'utilisation d'une collerette.

Ci-contre et ci-dessous : si vous n'êtes pas à l'aise pour changer les pansements, demandez à votre vétérinaire qu'il vous montre la meilleure façon de le faire.

Les pansements doivent être changés tous les jours (ou plus fréquemment selon les consignes du vétérinaire). Si cela est compliqué et que votre chat ne coopère pas, emmenez-le chez le vétérinaire pour qu'il le fasse. Vous devez aussi l'y emmener si vous remarquez des gonflements, des odeurs, des sécrétions ou des rougeurs. Une plaie doit être nettoyée (voir page 76) au moins une fois par jour jusqu'à ce que la cicatrisation soit visiblement en bonne voie.

Suivez bien les conseils du vétérinaire lors d'une prescription de médicaments.

NETTOYER ET PANSER DES BLESSURES LÉGÈRES page 76

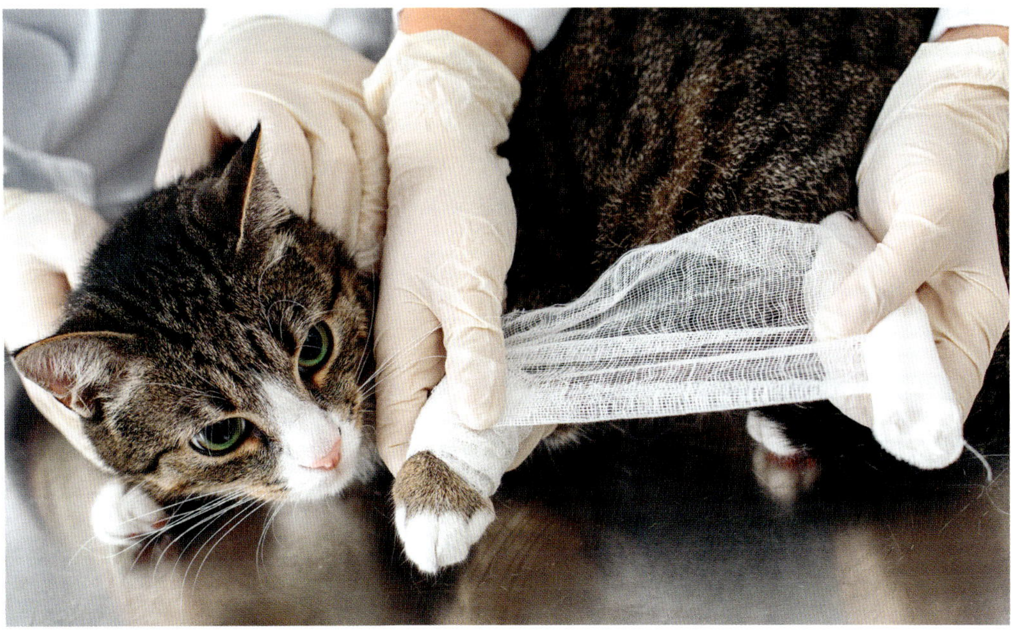

DONNER UN MÉDICAMENT

Quand un vétérinaire prescrit des médicaments, il fournit également des consignes sur la manière de les administrer (médicament oral ou une pommade ophtalmique, par exemple), la fréquence (combien de fois par jour) et la durée du traitement.

Même si votre chat a l'air de bien se rétablir, continuez le traitement jusqu'au bout comme vous l'a indiqué le vétérinaire. S'il y a des informations dont vous ne vous souvenez plus, n'hésitez pas à appeler le cabinet vétérinaire pour demander confirmation.

Ci-dessus et ci-dessous : si vous devez donner des médicaments à votre chat chez vous, le vétérinaire vous expliquera comment le faire. En cas de doutes, demandez-lui de vous montrer.

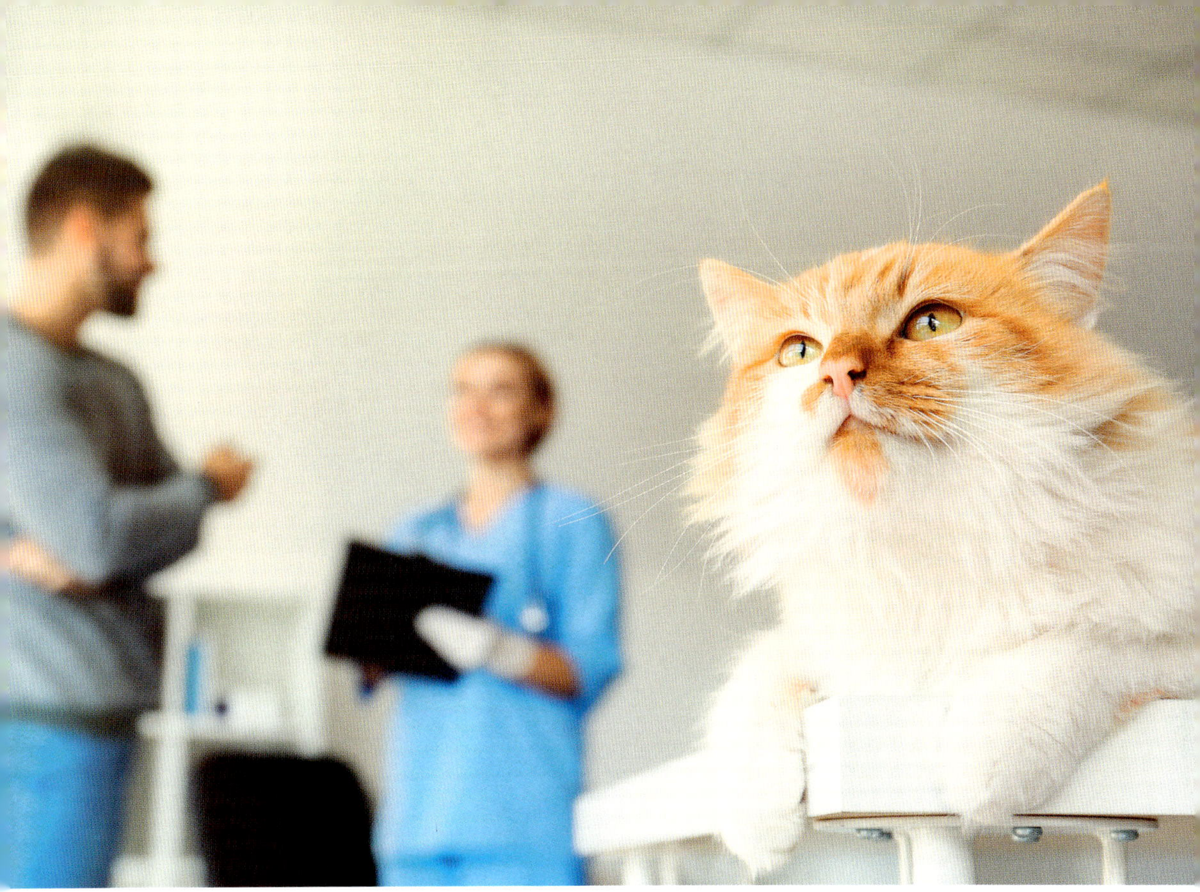

Même si les consignes ne sont pas strictes, gardez-en une trace écrite. Pour être sûr de ne rien oublier, vous pouvez inscrire le planning sur une feuille, l'accrocher dans la cuisine, et noter chaque prise.

Ci-dessus : si vous avez des doutes concernant la façon d'administrer le médicament, n'hésitez pas à demander au vétérinaire si vous pouvez lui amener votre chat pour qu'il s'en occupe.

Ci-dessous : vous ne pourrez sûrement pas retenir toutes les consignes que le vétérinaire donnera : notez-les et conservez-les bien pour éviter de faire des erreurs.

NOTE :

Suivez bien les consignes de conservation au dos de la boîte. En cas d'effets secondaires, contactez le vétérinaire.

OUVRIR LA GUEULE DE VOTRE CHAT

Pour ouvrir la gueule de votre chat et lui donner un médicament par voie orale :

1

1 Asseyez-le sur une serviette ou, s'il risque de vous griffer, enveloppez-le dedans en laissant la tête en dehors.

2 Ouvrez-lui la gueule en tenant sa tête avec votre main non dominante.

3 Placez l'index d'un côté de son visage et le pouce de l'autre au niveau du front.

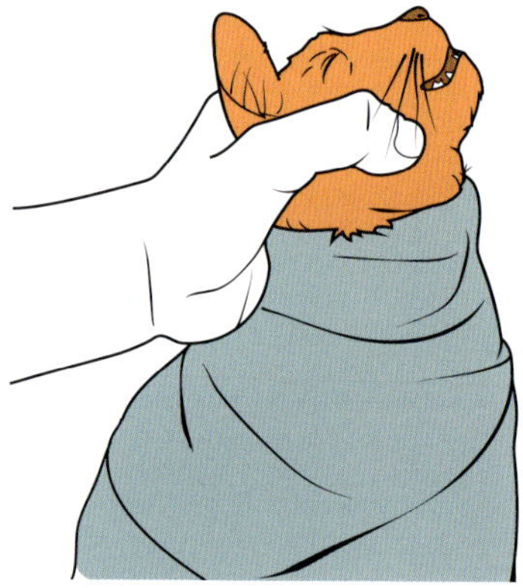

4

4 Descendez légèrement l'index et le pouce pour qu'ils se logent dans les coins de la mâchoire. Dans cette position avec la tête relevée, sa mâchoire devrait s'ouvrir un peu.

5 Posez l'index de votre main dominante au niveau de la gencive supérieure entre les 2 canines.

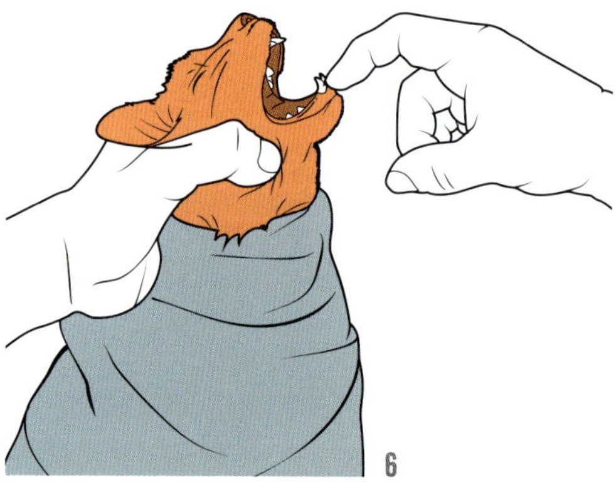

6

6 Toujours avec cette main, faites de même pour la gencive inférieure. Appuyez délicatement pour lui faire ouvrir la gueule.

DONNER UN MÉDICAMENT À VOTRE CHAT

Suivez ces indications pour ouvrir la gueule de votre chat :

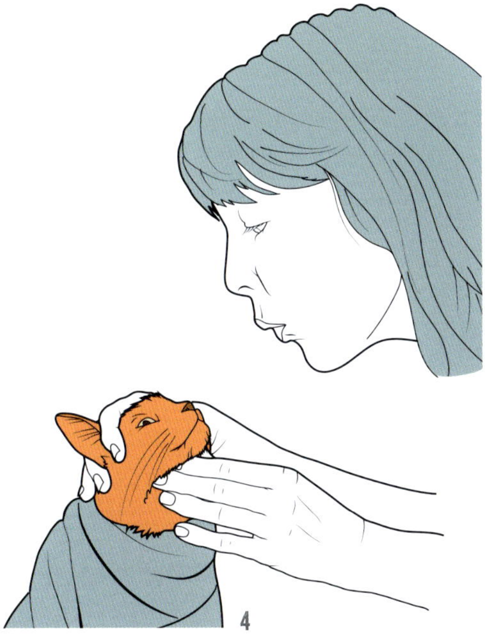

4

1 Placez le médicament au milieu de sa langue au fond de sa gueule. Si cela est trop compliqué, vous pouvez acheter un « lance-pilule » pour ne plus avoir à mettre les doigts dans la gueule de votre chat.

2 Vérifiez que votre chat a bien dégluti avant de le relâcher.

3 Si vous avez des doutes, maintenez-lui la gueule fermée jusqu'à ce qu'il déglutisse.

4 Essayez de lui caresser le cou de haut en bas et de lui souffler doucement sur le museau pour l'inviter à déglutir.

5 Relâchez-le quand vous avez la certitude qu'il a avalé son médicament.

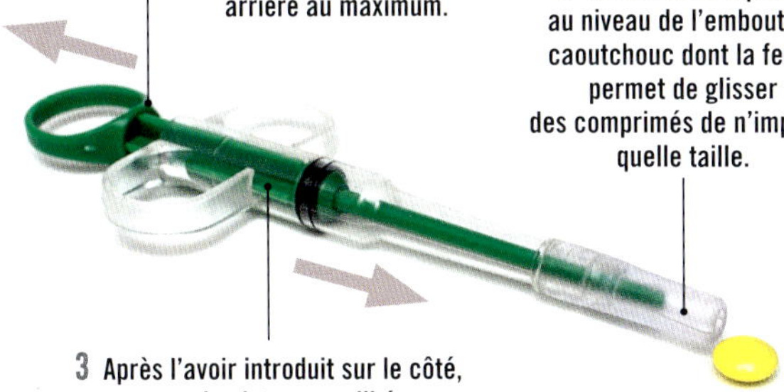

Ci-dessus et ci-contre : un « lance-pilule » peut grandement faciliter la prise d'un médicament par voie orale, surtout si vous n'êtes pas à l'aise avec le fait de mettre les doigts dans la gueule de votre chat.

DONNER UN MÉDICAMENT LIQUIDE

Suivez ces indications pour ouvrir la gueule de votre chat :

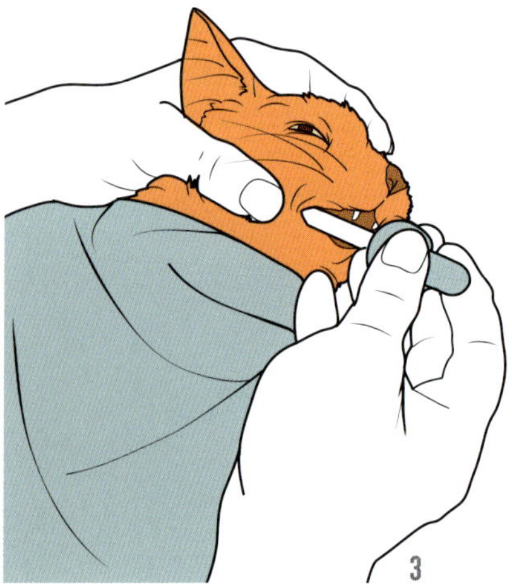

3

1. Maintenez-lui la tête à l'horizontale (et non penchée en arrière).
2. Sa gueule doit juste être assez ouverte pour y glisser la seringue.
3. Glissez la seringue entre la joue et les dents d'un côté de sa gueule.
4. Appuyez lentement sur la seringue pour libérer la solution, faites des pauses pour que votre chat ait le temps d'avaler à son rythme.

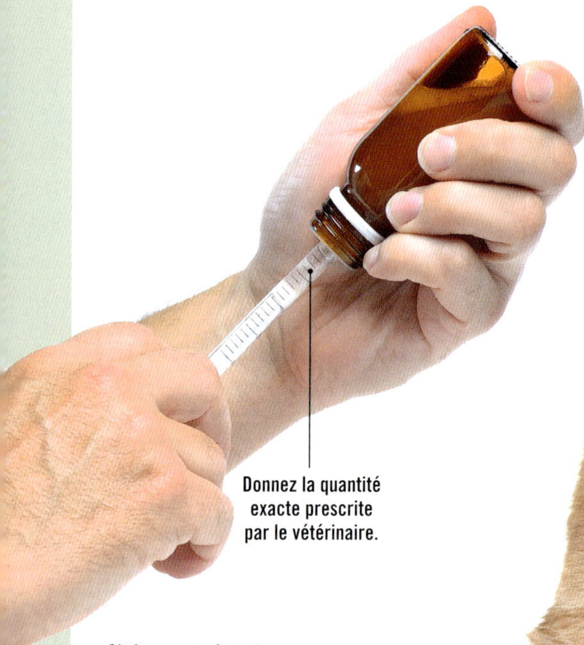

Donnez la quantité exacte prescrite par le vétérinaire.

Ci-dessus et ci-contre : commencez par lire attentivement la notice et prélevez la quantité de médicament prescrite avec la seringue. Immobilisez ensuite votre chat pour lui insérer la seringue dans la gueule.

DONNER UN MÉDICAMENT AVEC DE LA NOURRITURE

La méthode la plus simple pour donner des comprimés à son chat est de les cacher dans sa nourriture. Comme tous les médicaments ne s'y prêtent pas, pensez à vérifier si cela est possible auprès de votre vétérinaire.

Pour administrer un comprimé à votre chat dans sa nourriture, suivez ces étapes :

1 Ne nourrissez pas votre chat dans les heures qui précèdent le repas avec le comprimé.

2 Proposez-lui une petite portion de nourriture humide avec le comprimé caché dedans avant de lui donner le reste de son repas.

3 Si votre chat est malin et refuse sa nourriture habituelle quand vous y cachez un comprimé, essayez de le cacher dans son aliment préféré ou d'utiliser des aides à la prise de médicamentsous forme de friandises.

Plus la portion est petite plus votre chat aura faim, et plus vous aurez de chance qu'il prenne son médicament en temps voulu.

Ci-contre et ci-dessous : si votre chat refuse de prendre son médicament dans sa nourriture habituelle, essayez de le cacher dans du thon ou autre poisson en conserve, ou dans une friandise.

NOTE :

N'écrasez pas les médicaments avant de les mettre dans la nourriture sauf si le vétérinaire vous l'a conseillé.

ADMINISTRER DES GOUTTES DANS LES OREILLES

Certains chats se laisseront mettre des gouttes dans les oreilles et d'autres beaucoup moins.

Pour administrer correctement des gouttes pour les oreilles, suivez ces étapes :

1 Commencez par lire la notice pour connaître exactement le nombre de gouttes à administrer.

2 Pour empêcher votre chat de bouger, asseyez-vous confortablement en le tenant sur les genoux ou alors mettez-le sur une surface à hauteur pour être debout.

3 Si vous pensez qu'il pourrait griffer, enroulez-le dans une couverture de manière à lui immobiliser les pattes à l'intérieur et que seule sa tête sorte.

4 Que votre chat soit dans une couverture ou non, tenez-le avec votre bras non dominant.

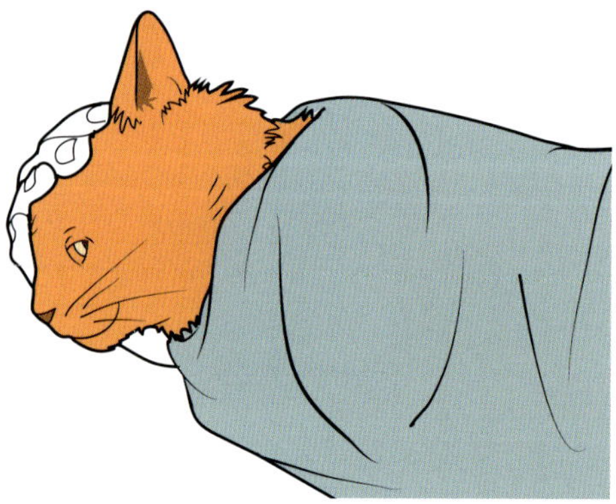

5

5 Avec votre main dominante, tenez-lui la tête de façon à ce que l'oreille à traiter soit orientée vers le plafond.

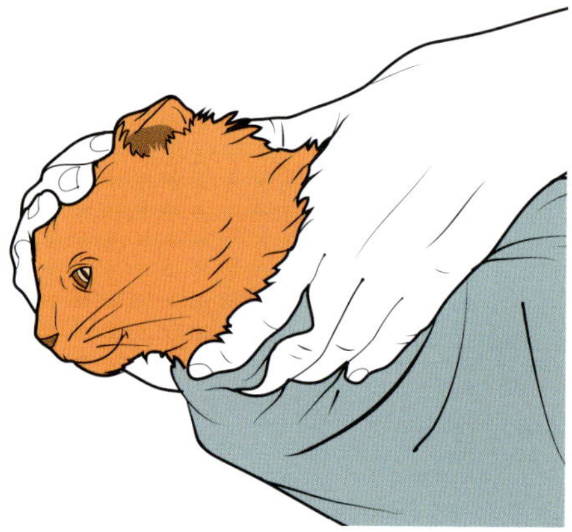

6

6 Repliez l'oreille de votre chat pour voir le conduit auditif.

7 S'il faut d'abord lui nettoyer l'oreille avant de lui administrer les gouttes, c'est le moment de le faire (voir page 95).

8 Quand son oreille est propre, vous pouvez appliquer les gouttes.

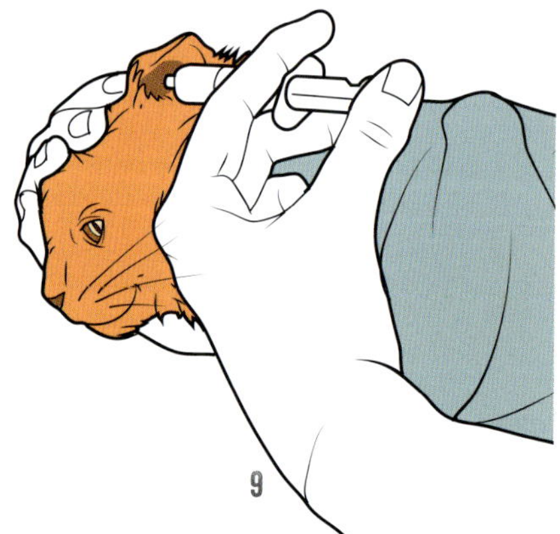

9

9 Avec votre main dominante, placez l'applicateur sans que le bout touche l'oreille de votre chat.

10 Laissez tomber le nombre de gouttes prescrites dans le conduit auditif.

11 Tenez l'oreille et, si votre chat le permet, massez-en la base pendant environ 30 secondes pour aider le produit à bien se diffuser dans tout le conduit.

12 Lâchez l'oreille et laissez votre chat secouer la tête.

13 Retirez les éventuels dépôts présents dans l'oreille avec du coton.

Ci-dessus : quand votre chat secoue la tête après l'administration de gouttes ou de nettoyage à la lotion auriculaire dans les oreilles, il se peut que du liquide ou des dépôts soient expulsés.

NETTOYER LES OREILLES

Pour nettoyer les oreilles de votre chat, suivez ces étapes :

1 Utilisez de la lotion nettoyante auriculaire pour les chats et du coton propre. Les cotons-tiges peuvent abîmer l'oreille de votre chat et sont donc à proscrire.

2 Déposez un peu de lotion dans le conduit auditif en veillant ne pas insérer l'embout dans l'oreille.

3 Puis remplissez le conduit auditif de lotion.

4 Tenez l'oreille, et, si votre chat le permet, massez-en la base pendant environ 30 secondes pour aider le produit à bien se diffuser dans tout le conduit.

5 Retirez les éventuels dépôts présents dans l'oreille avec une boule de coton.

6 Laissez votre chat secouer la tête.

7 Nettoyez de nouveau le bord externe de l'oreille avec une boule de coton propre pour bien retirer les dépôts ou un reste de lotion.

ADMINISTRER DES GOUTTES D'YEUX

Pour mettre des gouttes dans les yeux, suivez ces étapes :

1 Lavez-vous les mains.

2 Pour empêcher votre chat de bouger, asseyez-vous confortablement en le tenant sur les genoux ou alors mettez-le sur une surface à hauteur pour être debout.

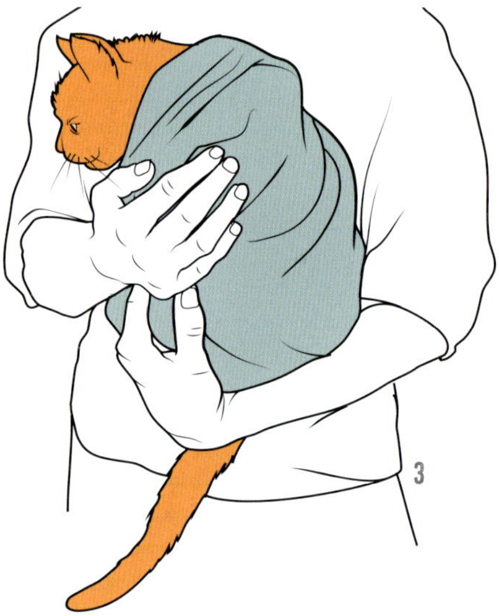

3

5

3 Si vous pensez qu'il pourrait griffer, enroulez-le dans une couverture de manière à lui immobiliser les pattes à l'intérieur et que seule sa tête sorte.

4 Que votre chat soit dans une couverture ou non, tenez-le avec votre bras non dominant.

Ci-dessus, à droite : inspectez les yeux de votre chat avant de lui mettre des gouttes. S'ils sont larmoyants ou présentent des sécrétions, nettoyez-les avant de passer aux gouttes.

5 Immobilisez sa tête avec votre main non dominante en la plaçant délicatement sous son menton, les doigts et le pouce de part et d'autre de sa mâchoire.

6 Une fois prêt à mettre les gouttes, penchez-lui doucement la tête en l'air pour qu'il regarde le plafond.

7 Vérifiez que ses yeux sont propres.

8 S'il y a des sécrétions, nettoyez-lui les yeux avec de la lotion oculaire ou de l'eau tiède. Mettez-en un peu sur une boule de coton (une par œil) et essuyez délicatement le pourtour des yeux.

À droite : si besoin, le vétérinaire prescrira de la solution lavante oculaire. Vous trouverez des boules et disques de coton dans le kit de premiers soins de votre chat.

NOTE :

Pensez à remplacer ce que vous avez utilisé dans la trousse à pharmacie.

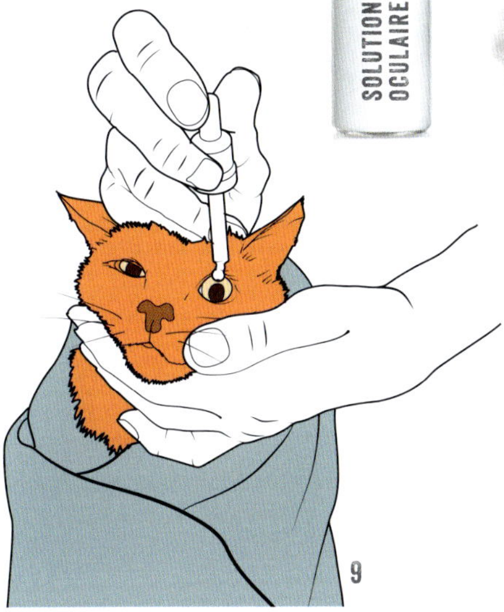

9

9 Tenez la pointe de la pipette à 2-3 cm de l'œil de votre chat. Faites bien attention à ce qu'elle ne touche rien (y compris son œil).

10 Tirez délicatement sur sa paupière inférieure pour créer un espace et pressez la pipette pour y faire tomber le nombre de gouttes prescrit par le vétérinaire. Pas d'inquiétude si vous manquez la cible, le principal est que les gouttes aillent dans l'œil pour pouvoir s'y répandre sans que vous ayez quoi que ce soit d'autre à faire.

11 Quand vous aurez réussi à mettre les gouttes, tenez encore un peu votre chat le temps que les gouttes se diffusent bien. Ne lui touchez pas l'œil et contentez-vous de le maintenir immobile pendant quelques minutes pour l'empêcher de se frotter l'œil.

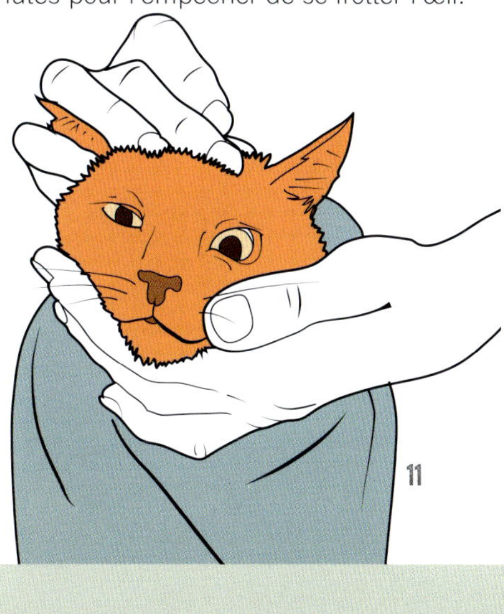

11

NOTE :

Il y a des chances pour que votre chat ne soit pas des plus coopératifs avec le collyre, mais vous devriez réussir à le faire chez vous.

UTILISER UN SHAMPOING TRAITANT

Côté hygiène, les chats se débrouillent généralement très bien. Ils se nettoient en se léchant régulièrement et, contrairement aux êtres humains, ils n'ont pas besoin d'être baignés quotidiennement. Les bains sont à éviter sauf dans certaines situations. Vous pouvez laver votre chat si vous devez utiliser un shampoing traitant, s'il apprécie ce moment ou pour les imprévus qui nécessitent un lavage : si le félin s'est roulé dans quelque chose de particulièrement collant ou sale, par exemple.

La plupart des chats n'apprécient pas le bain. C'est une situation qui les stresse. Quand il n'y pas d'autre choix que de les baigner, il y a des solutions pour réduire le stress, chez lui comme chez vous. Choisissez un moment où votre chat est calme et détendu, après avoir mangé par exemple.

Ci-dessous : si votre chat se débat pour sortir du bain, ne luttez pas. Laissez-le faire une pause et, s'il y a encore du shampooing à rincer, réessayez un peu plus tard.

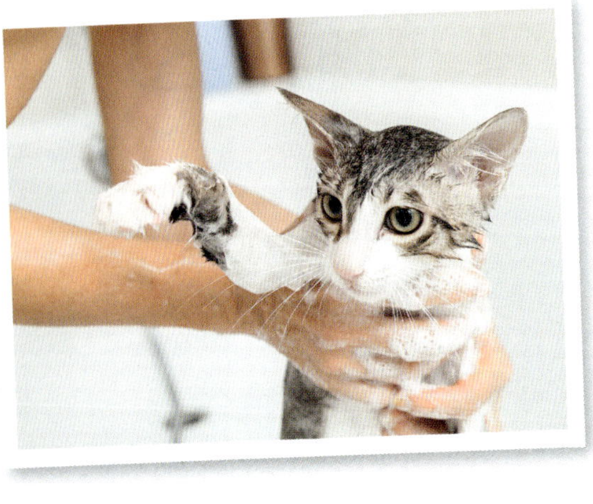

Avant de lui faire prendre un bain, démêlez son poil pour vous faciliter la tâche. Si vous pensez que votre chat est susceptible de griffer à cause du stress, vous pouvez lui tailler les griffes (page 24) avant le bain. Si une autre personne peut vous aider, n'hésitez pas à la solliciter. Pour éviter les griffures, portez des vêtements épais et à manches longues, voire des gants.

Vous arriverez peut-être à l'appâter avec des jouets, et vous pouvez l'habituer à l'eau en la faisant couler petit à petit pendant qu'il joue.

NOTE :

N'utilisez pas de shampoing ou d'après-shampoing destiné à l'humain pour votre chat.

NÉCESSAIRE POUR LE BAIN

- Un bassin adapté (une baignoire, un grand seau, une bassine, ou un évier)
- Shampoing spécial chat (et après-shampoing, si nécessaire)
- Des serviettes
- Un gant de toilette
- Casseroles ou cruches assez grandes
- Un harnais pour chat si vous en avez un
- Une brosse

Bassine ou évier

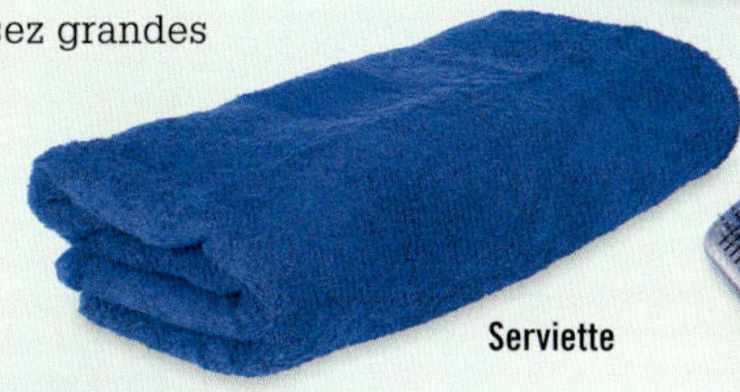

Serviette

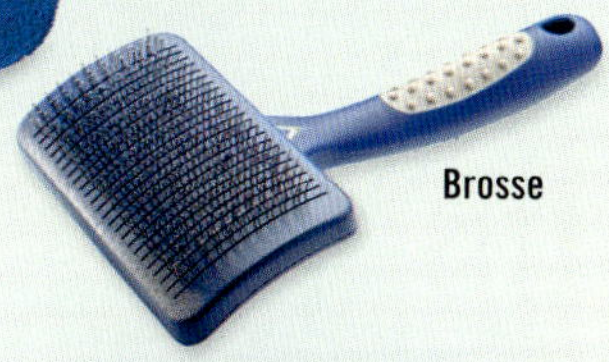

Brosse

Grand seau

Shampoing pour animaux

Cruche

À droite : si votre chat a tendance à s'échapper dans les situations difficiles, comme le bain, le harnais peut être une méthode pour le contraindre sans le brusquer.

APPLIQUER LE SHAMPOING TRAITANT

Pour donner le bain à votre chat, suivez ces étapes :

1 Placez un tapis ou une serviette au fond de la baignoire pour que votre chat ait une surface avec de la prise.

2 Fermez la porte, en veillant à ce que les autres animaux soient hors de la pièce.

3 Remplissez la baignoire d'un fond d'eau (5 à 10 cm) tiède pour y laver votre chat.

4 Si votre chat a un harnais, enfilez-lui.

5 Vérifiez que l'eau n'est pas trop chaude avant de l'y mettre.

6 Pour apaiser le stress, continuez de lui parler doucement et calmement.

7 Ne le grondez pas. S'il ne supporte pas le bain, arrêtez et réessayez plus tard, ou demandez des conseils à votre vétérinaire.

Ci-dessus : parlez calmement à votre chat et remplissez la baignoire avec juste ce qu'il faut d'eau, 5 à 10 cm suffisent.

8

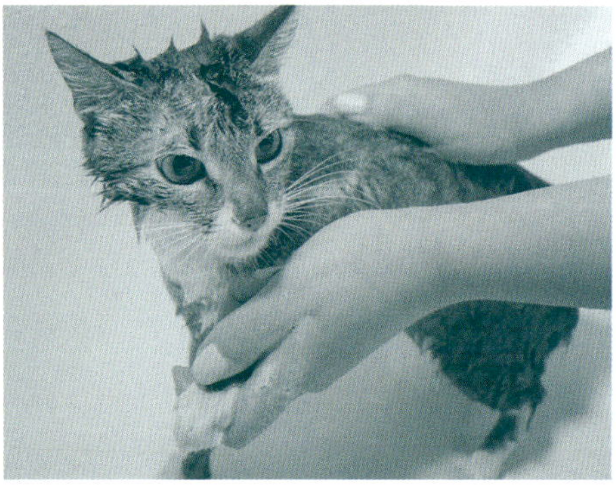

9

8 Si votre chat tolère le bain, utilisez une cruche pour l'arroser avec l'eau du bain (ouvrir le robinet pourrait le stresser et l'apeurer).

9 Prenez un peu de shampoing et appliquez-le sur les zones concernées (ou du cou vers la queue pour tout le corps).

10 Massez le shampooing dans le pelage en veillant à ne pas vous approcher des yeux, des oreilles, du museau et de la gueule.

11 Rincez abondamment. Il est important de bien retirer tout le shampoing. Vous pouvez soit sortir votre chat du bain et remplir la baignoire à nouveau, ou utiliser le pommeau de douche s'il n'en a pas peur.

12 Pour rincer le visage de votre chat, essuyez-le délicatement avec un linge humide en évitant les yeux et la gueule.

13 Séchez son pelage en le frottant doucement avec une serviette.

14 Si la serviette est détrempée, prenez-en une autre.

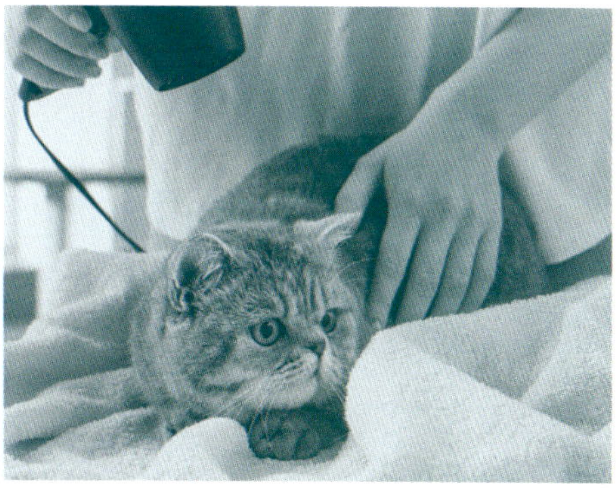

15

15 Si votre chat à des poils longs, brossez-le et prenez une serviette sèche pour absorber l'eau restante. Vous pouvez aussi utilisez un sèche-cheveux en température tiède (pas chaude) si votre chat n'en a pas peur.

16 Récompensez votre chat avec une friandise, en le caressant et en jouant avec lui. Cela l'aidera à associer les bains à des sentiments positifs et rendra le prochain bain plus facile.

Ci-contre : une fois votre chat propre, séchez-le doucement avec une serviette en cherchant à éponger le maximum d'eau de son poil.

IDENTIFIER UNE GROSSESSE

Si vous laissez votre chat femelle sortir avant sa stérilisation, il y a de fortes chances pour qu'elle tombe enceinte. Les chattes peuvent avoir des portées dès 4 mois, âge à partir duquel elles auront ensuite leurs « chaleurs » (œstrus) par cycle pendant environ 2 semaines.

Quand votre chatte est en chaleur, elle peut agir différemment. Parmi les comportements classiques, on retrouve : se frotter sur le sol, marquer son territoire, et appeler. Les chats mâles sauront reconnaître ces signes plus tôt que les êtres humains, ce qui veut dire que quand vous aurez remarqué ces signaux, un ou plusieurs mâles se seront peut-être déjà accouplés avec elle. En effet, des chatons issus d'une portée peuvent avoir différents pères.

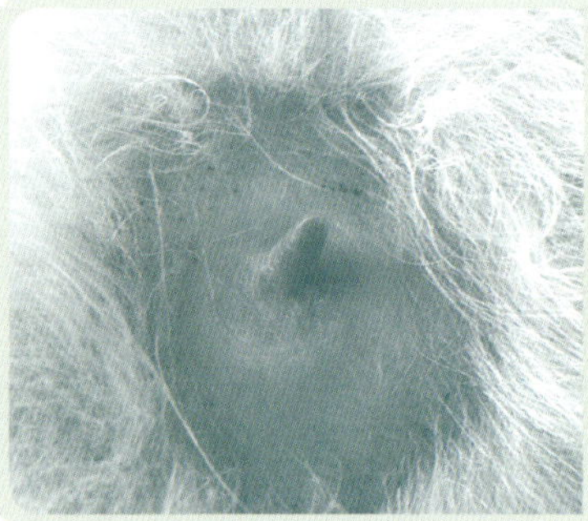
MAMELLES GONFLÉES

ACCOUPLEMENT

NOTE :

Pour plus d'informations au sujet de la gestation, de l'accouchement et des soins aux nouveau-nés, rendez-vous en page 162.

Ci-dessus : quand votre chatte est en chaleur, vous verrez peut-être tous types de mâles non castrés se rapprocher de chez vous pour s'accoupler avec elle.

SIGNES DE GROSSESSE

Il y a peu de signes de grossesse visibles les premières semaines, vous ne vous rendrez peut-être pas compte que votre chatte attend des petits. Au bout de quelques semaines, vous remarquerez que ses mamelles commencent à gonfler et à rosir. Elle mangera peut-être davantage, prendra du poids, et ses glandes mammaires finiront par se gorger de lait. Vous pourrez trouver de la nourriture spéciale grossesse en animalerie. Il faudra nourrir votre chatte plusieurs fois par jour pour satisfaire tous ses besoins nutritionnels.

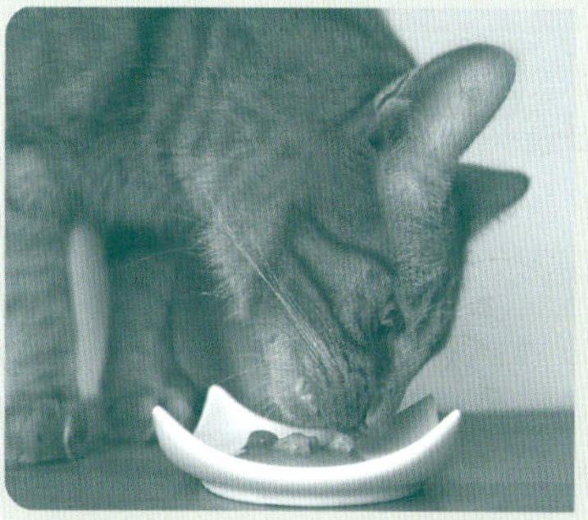

AUGMENTATION DE L'APPÉTIT

Ci-contre : quand vous remarquerez les premiers signes physiques et comportementaux de grossesse, votre chatte sera sûrement déjà enceinte de quelques semaines.

ASSURER LA SÉCURITÉ DE VOTRE CHAT EN CAS DE CATASTROPHE

Vous ne vous trouverez peut-être jamais en situation de catastrophe, mais mieux vaut s'y préparer. Nous vous proposons ici des conseils pour savoir comment réagir en cas d'urgence, comme l'incendie de votre logement ou des conditions météorologiques extrêmes. Dans tous les cas, il est préférable d'avoir anticipé un plan et l'avoir communiqué aux autres membres du foyer.

ÉLÉMENTS À CONSIDÉRER

Est-ce que tout le monde connaît les cachettes de votre chat ?
Qu'il s'agisse d'un feu de maison ou d'une catastrophe naturelle, il est probable que votre chat ait peur et aille se réfugier dans l'une de ses cachettes. Veillez à ce que tout le monde dans le foyer sache où votre chat aime se cacher. Si vous vous entendez bien avec vos voisins, passez leur le mot. Confiez-leur un double des clefs, faites les présentations avec votre chat, et montrez-leur où se trouve sa caisse de transport pour qu'ils puissent mettre votre chat en sécurité si le pire arrivait en votre absence.

Votre chat est-il habitué à sa caisse de transport ?
En cas d'urgence, il est très important de pouvoir tout de suite mettre votre chat dans sa caisse de transport. Pensez bien à en avoir une par animal et rangez-les dans un endroit pratique. Si votre chat n'aime pas sa caisse de transport, essayez de la rendre plus sécurisante et agréable en la laissant sortie, en jouant avec lui dedans et en y cachant des friandises. Mettez de la litière dans la caisse de transport au cas où votre chat y ferait ses besoins.

Qui peut accueillir votre chat ?
Pensez à une solution d'hébergement pour votre chat en cas d'évacuation du logement. Avez-vous des amis ou de la famille pour l'accueillir ? Où se trouve le centre d'accueil ou l'hôtel le plus proche qui accepte les chats ?

Si une personne trouve votre chat, a-t-elle les moyens de vous contacter ?
Faites le nécessaire pour que l'on puisse bien identifier votre chat, au cas où vous seriez séparés. Mettez-lui un collier avec vos coordonnées et mettez-lui une puce électronique, même si vous avez un chat d'intérieur. Peut-être qu'en temps normal votre chat ne s'échappe pas, mais ce risque existe bel et bien dans un contexte aussi inhabituel. Il pourrait se perdre et ne plus retrouver son chemin. Une micropuce comportant les informations à jour pourrait vous permettre de le retrouver.

BRÛLURES page 131
NOYADE page 147
GÉRER UN ÉTAT DE CHOC page 117
NETTOYER ET PANSER DES BLESSURES page 76

Ci-dessous : assurez-vous d'avoir un kit de catastrophe prêt, en cas de confinement ou d'évacuation obligatoire.

NÉCESSAIRE D'URGENCE

- Une trousse à pharmacie.
- Assez de nourriture sèche pour tenir 7 jours (conservez-la dans une boîte hermétique et changez-la environ une fois par mois pour qu'elle reste fraîche).
- Assez d'eau en bouteille pour tenir 7 jours.
- Une photo récente de votre chat à montrer aux secouristes pour leur permettre de l'identifier.
- Essuie-tout/litière pour chat.
- Un bac à litière de dépannage, une grande barquette en aluminium, par exemple.
- Tous les médicaments dont il a besoin.
- Les coordonnées du vétérinaire et d'un refuge.

Suffisamment d'eau pour 7 jours

Médicament(s)

Bac à litière de dépannage

Kit de premiers secours

Litière

INCENDIE

Les chats ont le don de renverser des choses et, malheureusement, les bougies et autres flammes nues ne dérogent pas à cette règle. Si vous avez des bougies allumées, veillez à ce qu'elles ne restent jamais sans surveillance et qu'elles soient bien éteintes quand vous quittez la pièce. L'autre option est de ne plus avoir de bougies chez vous.

S'il y a des risques que votre chat allume accidentellement le gaz en s'aventurant sur le plan de travail, pensez peut-être à investir dans des couvre-boutons de sécurité.

Enfin, dernière mesure de précaution : achetez des autocollants pour informer les pompiers du nombre d'animaux présents dans la maison. Mettez-les sur la porte d'entrée et l'accès arrière de votre logement s'il y en a.

Ci-dessous : si votre chat est sauvé d'un incendie, emmenez-le se faire contrôler chez le vétérinaire, même s'il ne montre pas de signes de blessure ou de maladie.

Ci-contre : les eaux d'inondation sont sales et contiennent souvent des produits chimiques dangereux. Si votre quartier est inondé, faites de votre mieux pour que votre chat ne soit pas en contact avec l'eau.

Si le pire venait à arriver et que votre chat se retrouvait dans un incendie domestique, vérifiez qu'il va bien une fois que vous êtes en lieu sûr. Si votre chat peine à respirer, signalez-le aux équipes de secours, ils ont parfois des masques à oxygène pour animaux. Même si votre chat a l'air d'aller bien, emmenez-le chez le vétérinaire dès que possible pour vérifier qu'il n'a pas de blessures ou qu'il n'a pas inhalé de fumées.

INONDATION

Si vous vivez dans une zone inondable, il y a différentes choses à faire pour vous préparer à une inondation. Commencez par vérifier que les autorités locales acceptent les chats dans les hébergements d'urgence. Si ce n'est pas le cas, arrangez-vous pour confier votre chat à un ami ou à de la famille en cas d'urgence.

Si une inondation a été annoncée, préparez-vous en gardant votre chat à l'intérieur. Les eaux d'inondation sont sales et il peut être dangereux que votre chat en boive ou s'y déplace. Rangez tous les produits chimiques de la maison en hauteur pour éviter de contaminer l'eau davantage.

Si possible, montez tout le nécessaire de votre chat (nourriture, couchage, gamelle, kit de premiers soins, documents vétérinaires et bac à litière) à l'étage dans un endroit sûr. Prenez aussi la caisse de transport, au cas où il faudrait quitter le logement. Pour aider votre chat à rester calme pendant l'alerte inondation, prenez quelques jouets avec vous.

Avant une évacuation, il peut être bien de le reloger en sécurité dans un autre quartier. Cela sera moins stressant pour vous comme pour lui.

Si vous êtes évacué, prenez votre chat avec vous et gardez-le dans un endroit sûr : un hébergement d'urgence, chez des amis, dans une pension pour chats, ou dans un hôtel acceptant les chats. Au moment de faire les valises, n'oubliez pas de prendre tout le nécessaire listé précédemment.

Dans le cas où où vous n'avez pas d'autre choix que de laisser votre chat dans le logement, il est mieux de l'enfermer dans une pièce à l'étage. Veillez à ce qu'il dispose de suffisamment de nourriture et d'eau et laissez un mot sur la porte d'entrée indiquant que votre chat est à l'intérieur. Contactez une association locale comme la SPA ou les autorités locales pour leur demander conseil. Si vous vivez dans un logement de plain-pied, n'enfermez pas votre chat dans sa caisse et essayez de lui laisser des issues de secours.

TREMBLEMENT DE TERRE

Si vous vivez dans une zone à forte activité sismique, il est important d'avoir un plan d'urgence. Si vous savez qu'un tremblement de terre est sur le point de se produire, mettez votre chat dans sa caisse de transport où il sera à l'abri des effondrements. Si vous n'avez pas le temps de l'y mettre, mieux vaut le laisser libre.

Pendant un tremblement de terre, commencez par vous protéger. Mettez-vous au sol, abritez-vous et tenez-vous à quelque chose. Votre chat trouvera probablement un endroit sûr où se cacher et n'aura vraisemblablement pas envie qu'on le tienne dans un contexte aussi stressant.

Ci-dessus : une catastrophe naturelle ne se termine pas forcément une fois la météo revenue à la normale. Gardez votre chat à l'intérieur jusqu'à être absolument sûr que les environs soient sécurisés

Une fois le tremblement de terre passé, il y aura peut-être eu de la casse. Empêchez votre chat d'aller s'aventurer près des débris qui sont dangereux. Avant de le laisser sortir, vérifiez que les environs sont sans danger et qu'aucun produit chimique ou débris tranchant ne traîne.

FORTE TEMPÊTE OU TORNADE

En cas de tempête ou de tornade, faites en sorte que votre chat soit en sécurité à l'intérieur avant l'arrivée de la tempête. En voyant la perturbation arriver, il cherchera peut-être à s'enfuir. Il a beaucoup moins de risques de se blesser à l'intérieur, où le danger sera moins présent. En cas d'évacuation, vous pourrez le récupérer plus facilement.

S'il y a une alerte tornade, enveloppez votre chat dans une serviette ou une taie d'oreiller et mettez-le dans sa caisse de transport dans un endroit sûr : un sous-sol, une pièce aveugle, ou un placard. Si vous le pouvez, mettez la caisse sous un meuble solide. Gardez votre chat à l'intérieur tant que les autorités locales n'ont pas donné le feu vert.

Ci-dessus et ci-dessous : une tempête peut laisser de nombreux dangers sur son passage : des objets tranchants, des produits chimiques qui se sont répandus, des surfaces fragiles, des installations électriques endommagées. Gardez votre chat à l'intérieur jusqu'à être absolument sûr que les environs sont sécurisés.

3

PREMIERS SOINS D'URGENCE

REPÉRER SI VOTRE CHAT SOUFFRE

Les chats sont très doués pour cacher leur douleur. Cette qualité leur était utile quand ils étaient sauvages. Montrer qu'ils souffraient pouvait avertir leurs ennemis qu'ils étaient blessés et que par conséquent ils devenaient des proies faciles. Jadis, c'était une technique de survie efficace. Aujourd'hui cette technique ne facilite pas la tâche à leur maître : cette aptitude rend très difficile de savoir quand leur chat souffre.

Si vous remarquez que votre chat boite ou a une plaie, vous pouvez supposer qu'il souffre. Pour des blessures moins voyantes, il faut être attentif à certains signes révélateurs.

En tant que maître, vous saurez reconnaître mieux que quiconque ses comportements normaux, sa démarche et son humeur habituelles. Cela fait de vous la personne la plus à même de savoir si quelque chose ne va pas.

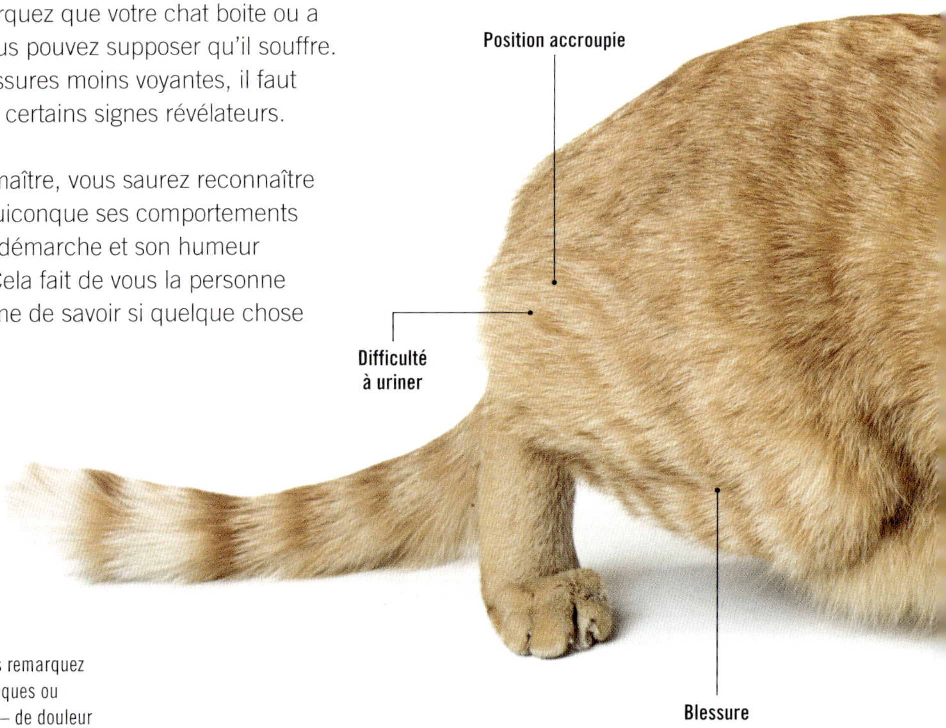

Ci-contre : si vous remarquez des signes – physiques ou comportementaux – de douleur chez votre chat, emmenez-le chez le vétérinaire pour un contrôle.

CHANGEMENTS À SURVEILLER

Chez un chat qui souffre, vous pourrez observer des changements à plusieurs niveaux :

- Le répertoire vocal
- L'appétit
- Le comportement
- Le mouvement
- La toilette
- Faire ses besoins
- Les yeux
- La posture

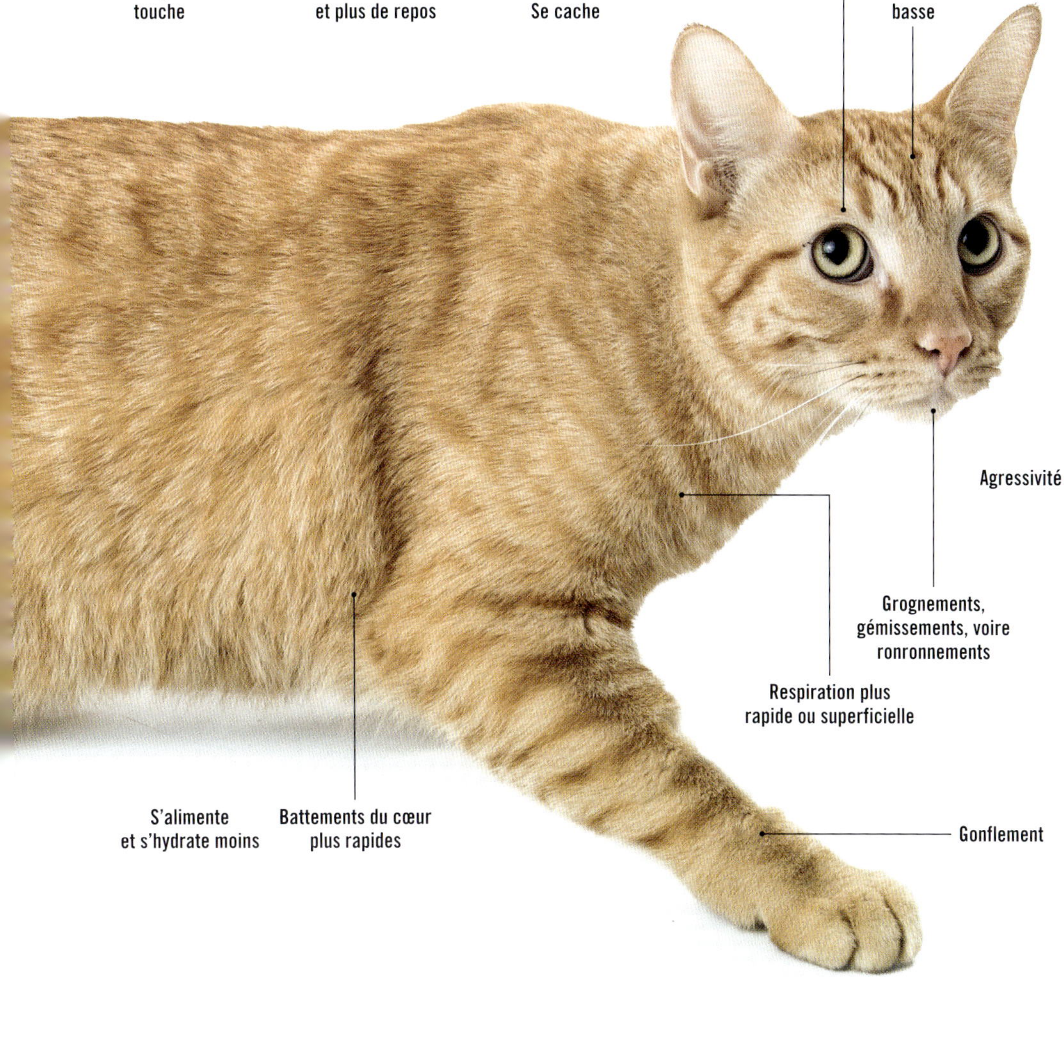

SIGNES QUE VOTRE CHAT SOUFFRE PEUT-ÊTRE

Se mordiller et se gratter : les chats en souffrance ont tendance à se mordiller et se gratter. Cela vaut pour tous les chats, quel que soit leur comportement habituel. Un chat peut aussi se montrer agressif si vous touchez une zone douloureuse (ou s'il comprend que vous allez le faire).

Se cacher : un chat qui se cache plus que d'habitude ressent peut-être une douleur.

Miaulements étranges : les ronronnements et autres expressions vocales – notamment les grognements et les gémissements – peuvent indiquer qu'un chat a mal.

Position : un chat très souvent immobile debout ou avec le dos voûté et la tête basse peut-être en souffrance.

Zone oculaire : des pupilles dilatées. Si la douleur se situe au niveau de l'œil, et selon le problème, vous remarquerez que les pupilles sont plus petites ou plus grandes que d'habitude. Autres signes à guetter : yeux plissés, fermés, injectés de sang, ou un besoin d'éviter les espaces très lumineux.

Toilette : un chat qui souffre aura des difficultés pour se toiletter ou se lèchera de manière excessive à un endroit en particulier.

Réaction au toucher : un chat qui réagit quand on le touche sur une zone en particulier ressent peut-être une douleur.

Mobilité : en fonction du problème, un chat se déplacera différemment ou moins qu'avant. Observez si la démarche et la rapidité de votre chat ont changé. Saute-t-il toujours comme d'habitude ? Est-il gêné pour se déplacer ?

Sociabilité : si votre chat souffre, il s'intéressera moins que d'habitude aux gens, aux autres animaux, et aux jeux, ou ne se frottera pas aux personnes qu'il croise.

Ci-contre : des yeux plissés ou fermés peuvent indiquer que votre chat a mal. Observez s'il adopte des positions ou des expressions faciales inhabituelles.

Litière : un chat souffrant aura des difficultés pour uriner ou aller à la selle, ce qui pourrait entraîner des constipations ou l'obliger à faire ses besoins en dehors du bac à litière. Vous remarquerez aussi peut-être que votre chat force quand il essaye d'uriner.

Niveaux d'énergie : baisse d'énergie. Un chat qui ne court plus partout, qui ne joue pas autant que d'habitude, ou qui dort davantage peut être souffrant.

Corps : les gonflements peuvent être des signes flagrants de douleur.

Appétit : un chat s'alimente et s'hydrate moins que d'habitude, en particulier quand la douleur se situe au niveau de la dentition ou de la gueule.

Respiration : une douleur peut entraîner une respiration inhabituelle : plus rapide, plus profonde ou au contraire superficielle.

Pouls : Si vous soupçonnez que votre chat souffre, vous pouvez le caresser pour vérifier son pouls, ou alors le mesurer. Si votre chat est blessé ou malade, le pouls sera plus rapide.

Autres changements de personnalité : vous êtes la personne qui connaît le mieux votre chat. Si vous ne décelez aucun signe inhabituel, mais sentez que votre chat se comporte de manière étrange, il est plus prudent de l'emmener chez le vétérinaire pour un contrôle.

GÉRER UNE DOULEUR

- Selon le type de douleur, vous pouvez soulager votre chat en modifiant quelques petites choses dans la maison. Si le problème impacte sa mobilité, par exemple, vous pouvez déplacer ses gamelles d'eau et de nourriture, son panier et son bac à litière dans des endroits plus accessibles. Vérifiez aussi que votre chat peut facilement entrer et sortir de son bac à litière, en choisissant un bac plus grand et moins haut.
- Si vous vivez avec plusieurs animaux, surveillez leurs interactions avec votre chat, qui ne doit pas se retrouver au milieu de jeux un peu brutaux et des courses-poursuite.
- À la maison, notez vos observations concernant les changements de comportement, le niveau d'activité ou les routines de votre chat, et fixez une consultation de suivi chez le vétérinaire pour partager ces notes avec lui.

Si vous remarquez que votre chat se comporte de manière inhabituelle, emmenez-le chez le vétérinaire pour un contrôle. En cas de douleur, vous serez accompagné pour la gérer au mieux, que ce soit avec des médicaments, de la thermothérapie, de la physiothérapie, ou un changement d'habitude chez vous ou dans le quotidien de votre chat.

NOTE :

Ne donnez pas de médicaments à votre chat sans les conseils d'un vétérinaire.

GÉRER UN ÉTAT DE CHOC

L'état de choc indique que la circulation sanguine de votre chat est trop faible ; il s'agit d'une urgence médicale puisqu'il peut en mourir. Appelez immédiatement le cabinet vétérinaire pour expliquer la situation et décrire en détail les symptômes de votre chat.

Si votre chat a les gencives pâles ou blanches, les pattes froides, est en état de confusion, si sa fréquence respiratoire a changé et/ou que son pouls est faible, il risque d'être en état de choc.

Ci-dessous : si vous remarquez un des signes listés ci-dessous, cela peut indiquer que votre chat souffre d'un problème grave.

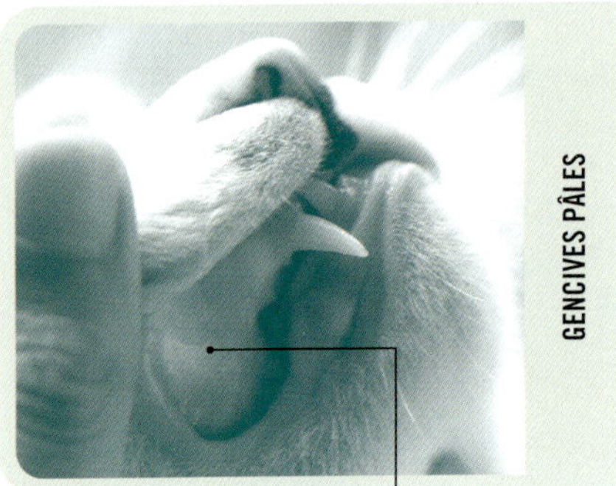

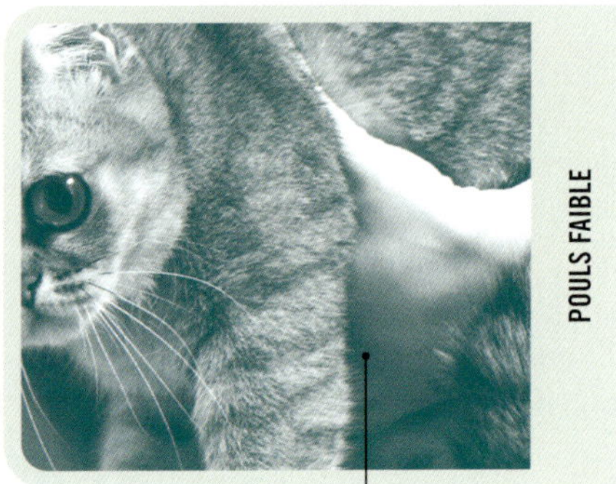

À cause d'un manque d'afflux sanguin au niveau du museau et de la gueule, les gencives deviennent pâles ou blanches.

Pupilles dilatées et regard fixe

Écroulement ou faiblesse à cause d'un manque d'oxygène dans le cerveau

Léthargie et absence de réaction au prénom ou face aux jouets

Dessous des pattes froid

GÉRER UN ÉTAT DE CHOC

Si vous pensez que votre chat est en état de choc :

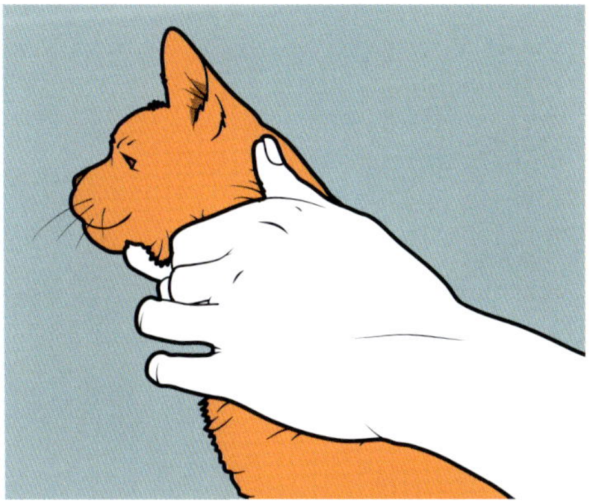

3

6

1 Téléphonez à votre vétérinaire pour lui dire que vous allez arriver avec votre chat.

2 Mettez votre chat sur le flanc sur une serviette, ou si son corps est à la verticale, soutenez-le bien.

3 Allongez-lui le cou pour dégager ses voies respiratoires.

4 Mettez une main sur son visage et insérez le pouce et l'index derrière ses canines.

5 Basculez-lui doucement la tête vers le haut.

6 Ouvrez sa gueule en écartant le pouce et l'index, et sortez sa langue pour qu'elle ne gêne pas les voies respiratoires.

7 Posez l'arrière-train de votre chat sur un coussin ou une serviette pliée pour qu'il soit plus haut que sa tête.

8 Regardez si ses gencives sont pâles. Si elles sont moins colorées que d'habitude, votre chat est très certainement en état de choc.

9 Enveloppez-le dans une couverture ou une serviette, et mettez une bouillotte contre lui, si vous en avez une, pour le garder au chaud.

S'il n'y a pas de blessure, de plaie, ou de fracture, massez les pattes de votre chat pour stimuler la circulation sanguine.

NOTE :

Emmenez immédiatement votre chat chez le vétérinaire.

ÉTOUFFEMENT

Si votre chat s'étouffe, immobilisez-le pour qu'il ne se blesse pas davantage. S'il s'étrangle à cause d'un objet autour du cou, coupez-le avec une paire de ciseaux en faisant très attention.

CAUSES FRÉQUENTES D'ÉTOUFFEMENT

L'étouffement n'est pas un phénomène fréquent chez les chats, mais il est possible que votre chat se coince quelque chose dans la gorge ou autour du cou. Vous devrez intervenir.

Colliers et bandanas
Oubliez les colliers avec des boucles, des bords tranchants, ou une partie élastique, et optez toujours pour un collier qui se détache facilement. Vérifiez toujours qu'il n'est pas trop serré en glissant 2 doigts en dessous. N'attachez jamais rien autour du cou de votre chat.

Os
Ne donnez jamais d'os à votre chat. Les os crus et cuits peuvent se coincer dans la gorge et il risque de s'étouffer. Les os cuits ont aussi tendance à s'effriter, ce qui augmente le risque d'étouffement.

Jeux et ficelle/laine
Vérifiez l'état des jeux de votre chat, et jetez ceux qui sont abîmés et avec lesquels il pourrait risquer de s'étouffer. Essayez de ne pas laisser de morceaux de ficelles ou de laine traîner dans la maison, et veillez à ce que votre chat ne puisse pas aller mettre son museau dans la poubelle.

Boules de poils
Pour éviter les problèmes liés aux boules de poils, pensez à brosser régulièrement votre chat. Veillez à ce que votre chat ait toujours beaucoup d'eau à disposition et que son alimentation soit riche en fibres.

JOUETS À MÂCHER

SAPINS ET GUIRLANDES DE NOËL

NOTE :
Un sapin de Noël rempli de boules et autres décorations peut être une grosse tentation pour un chat. Un chat curieux aurait vite fait de se retrouver coincé dans une guirlande ou un ruban. Ne laissez pas votre chat sans surveillance près du sapin de Noël.

Ci-contre et ci-dessous : un étouffement peut être dû à un objet qui se coince autour du cou de votre chat, dans sa gueule ou dans sa gorge. Vous saurez que votre chat s'étouffe s'il a des hauts le cœur, qu'il tousse, qu'il bave, ou qu'il se touche le visage avec sa patte.

RÉAGIR EN CAS D'OBJET COINCÉ DANS LA GORGE

Pour savoir si quelque chose est coincé dans la gorge de votre chat et l'étouffe :

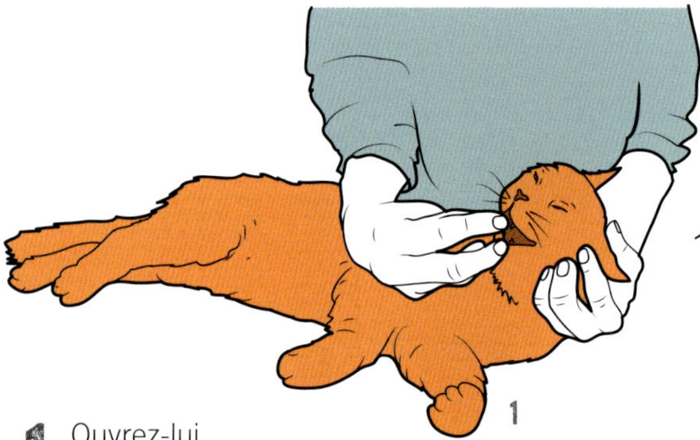

1

1 Ouvrez-lui la gueule.

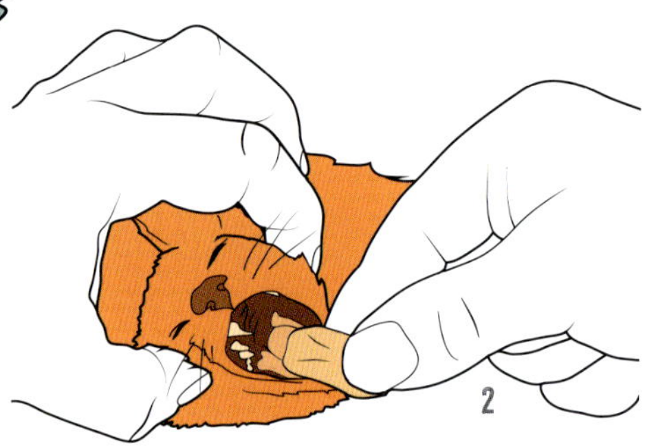

2

2 Sortez sa langue et regardez dans sa gueule.

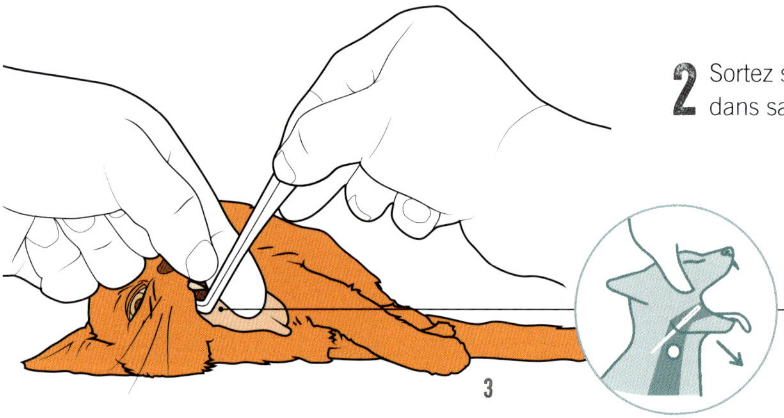

3

N'enlevez pas les objets pointus ou enfoncés profondément dans la gorge.

3 Si vous arrivez à voir l'objet et qu'il ne se trouve pas trop loin dans la gorge, utilisez une grande pince à épiler courbe.

4 Si vous apercevez un objet au fond de la gorge, mais ne pouvez pas l'atteindre, ou si vous n'arrivez pas à voir ce qui obstrue la trachée de votre chat, n'y mettez pas les doigts, au risque d'enfoncer l'objet sans le vouloir.

NOTE :

Si vous n'arrivez pas à retirer l'objet pour dégager les voies respiratoires de votre chat, emmenez-le immédiatement chez le vétérinaire.

GÉRER UN CHAT QUI S'ÉTOUFFE

Si votre chat a fait un malaise ou ne respire plus, vous pouvez essayer la manœuvre de Heimlich :

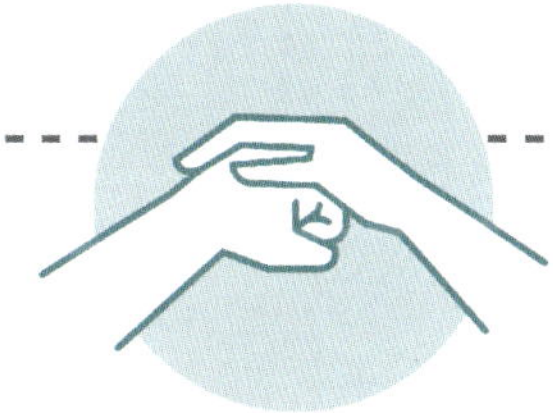

Position des mains pour la manœuvre de Heimlich

1

3

1 Tenez le dos de votre chat contre votre ventre, la tête vers le haut.

2 Cherchez la zone molle et creuse sous la cage thoracique de votre chat – elle fait environ la taille d'un poing humain.

3 Poussez les mains vers le haut et dans ce creux (en poussant vers vous) 2 ou 3 fois.

4 Regardez de nouveau dans la gueule pour voir s'il y a un ou des objets.

NOTE :

Si cette technique ne fonctionne pas, vérifiez le pouls de votre chat. Si son cœur ne bat plus, commencez un massage cardiaque (RCR). Mettez votre chat sur le flanc et appuyez précautionneusement, mais fermement et d'un coup sec sur sa poitrine. Comptez environ 120 compressions de ce type par minute.

Si vous réussissez à retirer l'objet qui a étranglé votre chat, emmenez-le quand même chez le vétérinaire pour vérifier que l'incident n'a pas abîmé ses voies respiratoires.

RÉANIMATION : RCR page 125

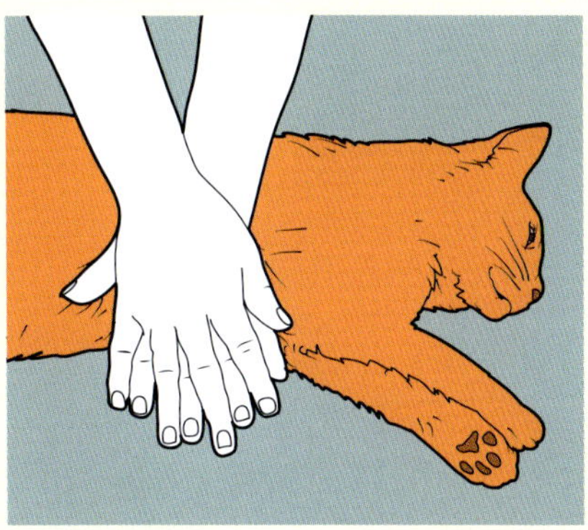

Si vous ne sentez pas le pouls de votre chat, commencez le massage cardiaque.

RÉANIMATION

Si votre chat est inconscient ou qu'il ne respire plus, vous devrez peut-être le réanimer.

La réanimation est une méthode qu'on utilise pour relancer le cœur et la respiration d'un animal. Elle peut vous permettre d'avoir le temps d'emmener votre chat chez le vétérinaire pour qu'il soit pris en charge. La réanimation doit si possible être guidée au téléphone par le vétérinaire quand vous êtes en route pour le cabinet.

NOTE :

Si vous retrouvez votre chat inconscient et qu'il ne respire plus, appelez immédiatement le vétérinaire et suivez ses conseils.

Ci-dessous : gardez toujours une caisse de transport chez vous pour pouvoir emmener votre chat chez le vétérinaire en cas d'urgence.

Ci-dessus : si votre chat est inconscient, allongez-le sur le flanc, et sortez-lui la langue de la gueule pour qu'elle ne bloque pas les voies respiratoires (voir page 124).

Le cœur de votre chat peut continuer à battre plusieurs minutes après l'arrêt de la respiration. Commencez à réanimer votre chat dès que vous remarquez que sa respiration s'est arrêtée (voir page 124). Si son cœur s'arrête aussi, faites-lui un massage cardiaque (voir page 125).

NOTE :

Si vous pensez que votre chat est mort, appelez le vétérinaire. Il sera en mesure de vous confirmer le décès et de vous donner des conseils pour la suite des démarches.

SIGNES QUE VOTRE CHAT EST MORT

Il y a plusieurs façons de vérifier si votre chat dort ou s'il est mort :

- Appelez-le par son prénom, comme pour lui annoncer que c'est l'heure de manger.
- Vérifiez s'il respire encore (voir étape 1 de l'encadré page 124)
- Regardez s'il a les yeux ouverts et si ses pupilles sont dilatées. Si votre chat est mort, il aura les yeux ouverts et ses pupilles ne réagiront plus à la lumière, elles seront fixes et dilatées.
- Vérifiez si son cœur bat toujours (voir page 121).
- Cherchez des signes de rigidité cadavérique ; si son corps est très raide, il n'est peut-être plus en vie.

RÉANIMATION : ABSENCE DE RESPIRATION

Si vous pensez que votre chat ne respire plus :

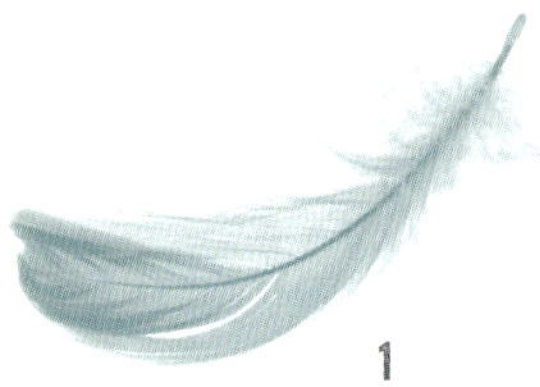

1

1 Vérifiez sa respiration en mettant un objet volatile (une plume ou de la fourrure, par exemple) devant son museau et regardez s'il y a du mouvement.

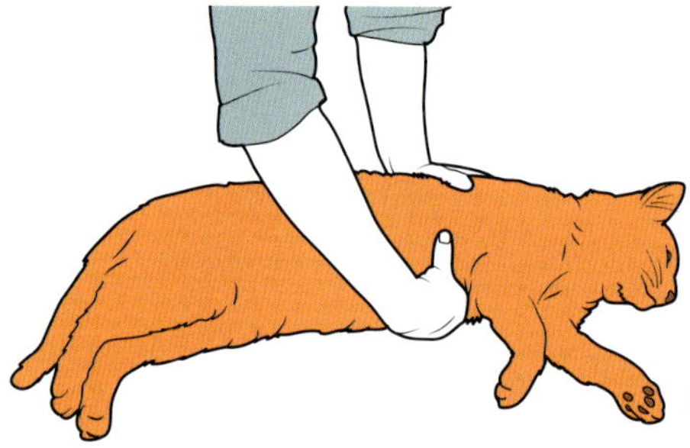

2

2 Si votre chat ne respire vraiment plus, allongez-le sur le flanc.

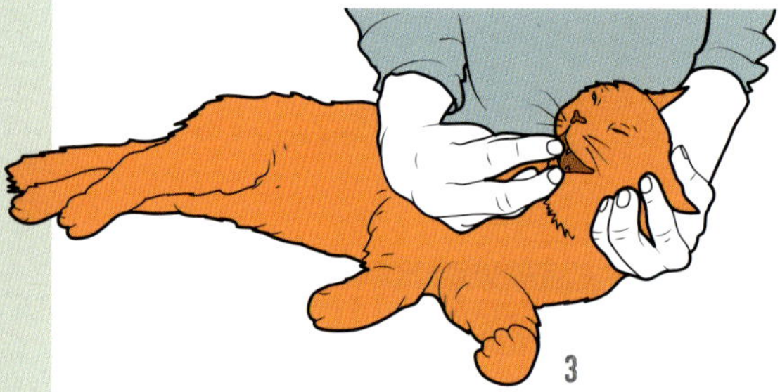

3

3 Ouvrez-lui la gueule.

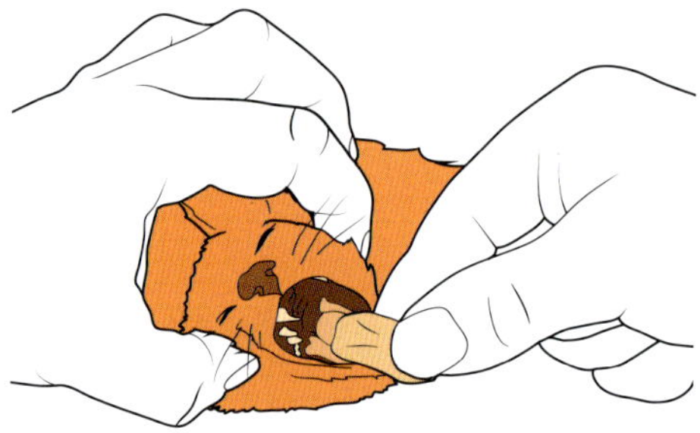

4

4 Sortez sa langue pour observer l'intérieur de sa gueule et voir si quelque chose y est coincé (il peut s'agir d'un objet ou de sang).

5

5 Fermez la gueule de votre chat et soufflez dans son museau environ 10 fois par minute.

ÉTOUFFEMENT page 120

RÉANIMATION : RCR (MASSAGE CARDIAQUE)

Si la respiration de votre chat ne reprend pas après l'étape 5 de la page précédente :

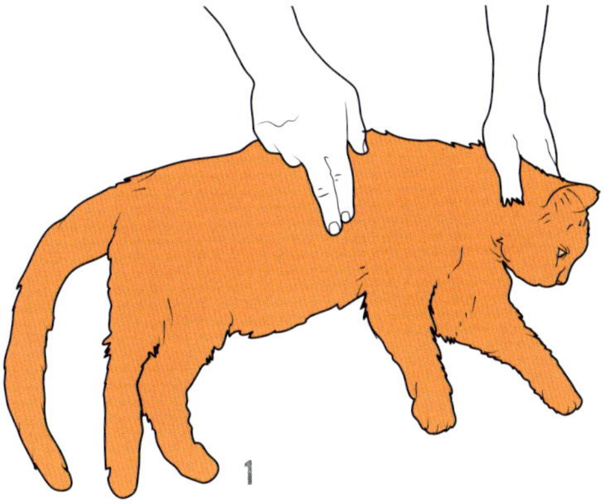

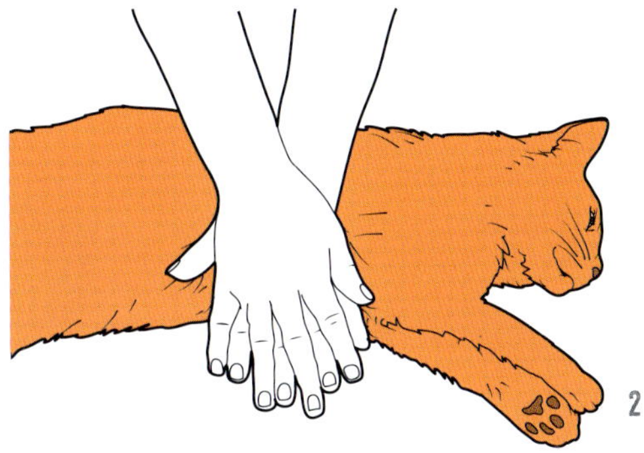

1 Prenez son pouls.

2 Si son cœur s'est arrêté, appuyez sur sa cage thoracique juste derrière les pattes avant, 2 fois par seconde.

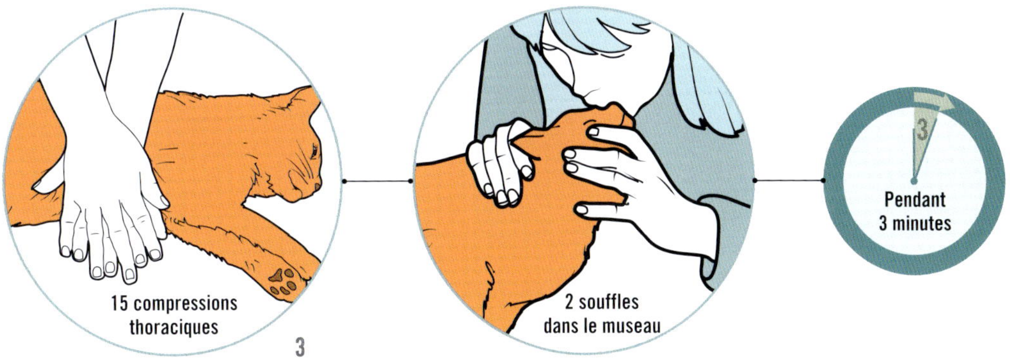

3 Soufflez 2 fois dans son museau toutes les 15 compressions thoraciques, pendant 3 minutes.

NOTE :

Après avoir essayé de réanimer votre chat, emmenez-le immédiatement chez le vétérinaire.

FRACTURES

Si vous pensez que votre chat s'est fracturé un os, ne cherchez pas à mettre de bandage ou d'attelle sur la zone concernée, cela pourrait être douloureux pour lui et aggraver la situation.

Chez le chat, les zones les plus susceptibles d'être fracturer sont les pattes, les côtes, la queue, et le bassin. Impossibilité de bouger une partie du corps ou d'y mettre du poids, douleur, gonflement, déformation, voire saignements, sont des signes pouvant indiquer une fracture. En cas de fracture des côtes, votre chat peut aussi avoir du mal à respirer ; et en cas d'une fracture de la mâchoire, il peut baver ou avoir une dent cassée.

Ci-contre et ci-dessous : si vous pensez que votre chat s'est fracturé un os, soutenez la partie du corps blessée et emmenez-le immédiatement chez le vétérinaire.

Patte cassée

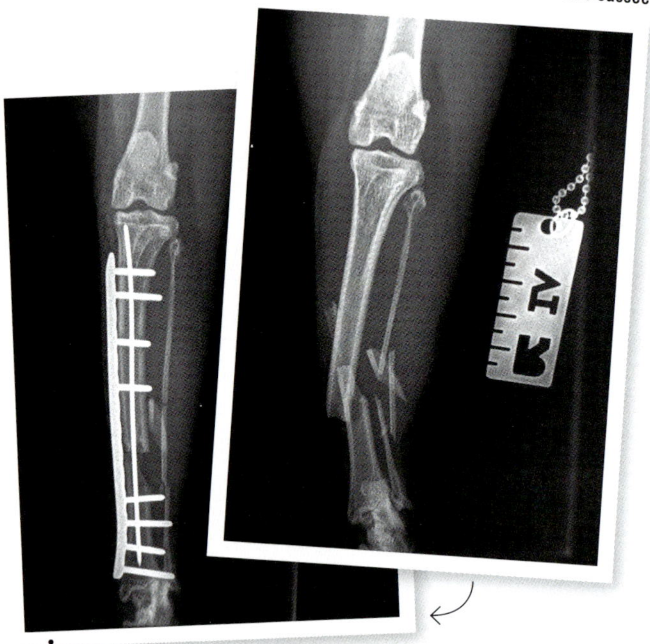

Réagir vite peut éviter l'amputation.

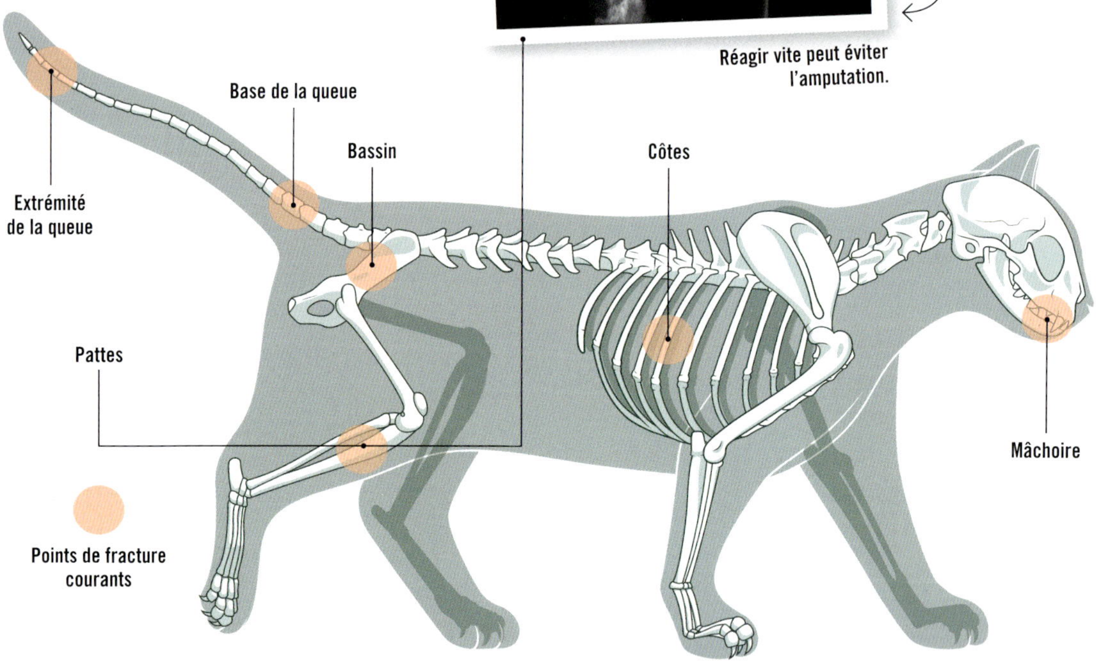

Ci-dessus : si la fracture a traversé la peau, essayez de contrôler les saignements, soutenez la partie du corps qui est blessée, et emmenez votre chat chez le vétérinaire au plus vite.

SOIGNER UNE FRACTURE OUVERTE

S'il s'agit d'une fracture ouverte avec une plaie béante ou la peau déchirée, faites au mieux pour contrôler les saignements avec une serviette propre, des compresses, ou un tissu, et si cela est possible, recouvrez la plaie avec une compresse propre. N'essayez pas de nettoyer la plaie.

NOTE :

Emmenez votre chat chez le vétérinaire dès que possible. Pour le transport, essayez de soutenir la partie du corps qui est blessée et mettez votre animal dans une boîte ou une caisse de transport sans couvercle et tapissée de serviettes.

FRACTURES DE LA QUEUE

La queue d'un chat peut accidentellement se fracturer, se casser, ou se luxer.

- Si la blessure se situe près du bout de la queue, elle peut cicatriser sans nécessiter d'intervention.
- Si les os ont été écrasés, le vétérinaire peut envisager l'amputation d'une partie de la queue.
- Si ce sont les os à la base de la queue qui sont touchés, vous devez immédiatement emmener votre chat chez le vétérinaire.

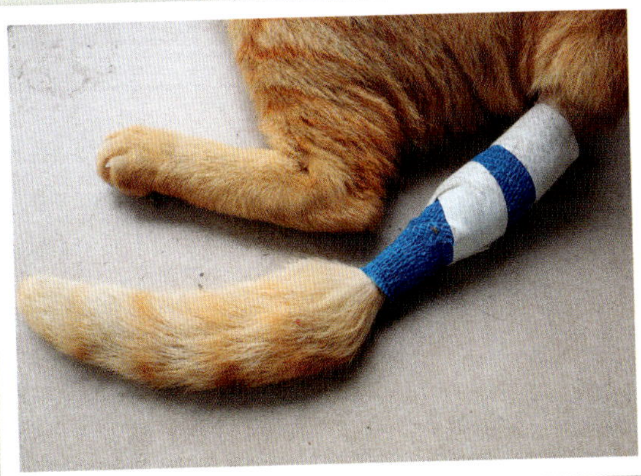

À droite : les fractures peuvent arriver à n'importe quel endroit de la queue. Qu'il s'agisse de la base ou de l'extrémité, emmenez votre chat chez le vétérinaire pour qu'on l'ausculte.

TRAUMA page 138
BLESSURES À LA QUEUE page 141
SAIGNEMENTS page 137
GÉRER UN ÉTAT DE CHOC page 117

INSOLATION

Un chat ayant subi une insolation peut montrer des signes de faiblesse, baver, haleter, être confus ou stressé, s'écrouler.

Si vous pensez que votre animal a subi une insolation, déplacez-le dans un endroit frais et tâtez-le pour prendre sa température. On conseille de réserver l'utilisation du thermomètre à un professionnel.

RAFRAÎCHIR VOTRE CHAT

Pour faire baisser la température de votre chat :

1. Humidifiez son poil avec de l'eau fraîche (jamais d'eau froide ou de glace).
2. Si possible, mettez-le près d'un ventilateur.
3. Surveillez sa température pour qu'elle ne tombe pas trop bas.

FAIRE BAISSER LA TEMPÉRATURE

NOTE :

Si l'état de votre chat ne s'améliore pas, emmenez-le immédiatement chez le vétérinaire.

Ci-dessous : si votre chat montre des signes d'insolation, vous devez faire le nécessaire pour que sa température redescende progressivement.

ABCÈS

Si votre chat s'est fait mordre ou griffer par un autre chat ou chien, par exemple, il est possible qu'un abcès (boule remplie de pus) apparaisse.

Ci-dessus : si votre chat a un abcès, vous pouvez faire les premiers soins chez vous en appliquant une compresse chaude et humide plusieurs fois par jour sur l'abcès jusqu'à ce qu'il se résorbe.

SIGNES D'ABCÈS

Si la plaie de votre animal a l'air infectée, emmenez-le chez le vétérinaire. Les signes d'une infection sont :

- Gonflement
- Sécrétion de pus
- Signes de fièvre
- Abcès

N'essayez jamais de percer un abcès vous-même.

NETTOYER ET PANSER DES BLESSURES LÉGÈRES page 76

APPLIQUER UNE COMPRESSE

Pour appliquer une compresse, suivez ces étapes :

1 Avec des ciseaux à bouts ronds, coupez les poils autour de l'abcès et appliquez une compresse chaude et humide pour stimuler le drainage. Portez des gants pour vous protéger du pus.

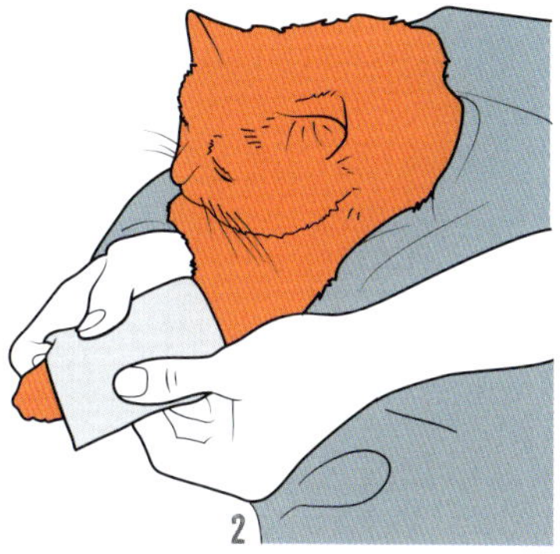

2 Appliquez la compresse pendant une vingtaine de minutes. Répétez 2 à 3 fois par jour jusqu'à ce que l'abcès se soit complètement vidé.

3 Une fois l'étape 2 terminée, nettoyez la zone blessée (voir page 76).

NOTE :

Si vous remarquez que l'abcès empire ou que son état ne s'améliore pas dans les 3 jours, emmenez votre chat chez le vétérinaire.

BRÛLURES

Avant d'examiner la brûlure de votre chat, vérifiez que la pièce est sans danger en éteignant les flammes nues éventuelles et en débranchant les appareils électriques.

Si votre félin s'est brûlé avec une flamme, il a sûrement mal, pensez à vous approcher de lui lentement et précautionneusement. On reconnaît ce genre de brûlure à des poils brûlés ou manquants, des lésions rouges, noires ou blanches, et des cloques.

CLASSIFICATION DES BRÛLURES

Référez-vous aux descriptions ci-dessous pour identifier le type de brûlure de votre chat, tout en sachant que ces signes peuvent mettre 2 ou 3 jours à se manifester.

Degré de gravité

Premier degré : la peau est intacte, mais il peut manquer des poils. La peau rougit et le chat souffre un peu.

Second degré : des cloques et des rougeurs sont visibles, permettant de constater que plus d'une couche cutanée a été touchée. Le chat souffre.

Troisième degré : les tissus sous la peau sont touchés. La peau autour de la brûlure peut être noire.

NOTE :

Si votre chat s'est brûlé au second ou au troisième degré, il peut tomber en état de choc et déclencher une infection.

Ci-dessus : des moustaches ou des poils légèrement brûlés ne laissent aucun doute possible. Essayez de déterminer ce qui a causé la brûlure et emmenez votre chat chez le vétérinaire.

Types de brûlure

Brûlures chimiques : elles peuvent mettre plusieurs heures à apparaître et sont généralement d'aspect blanc.

Brûlures thermiques ou électriques : elles apparaissent généralement de manière instantanée et noircissent la peau. Les brûlures plus légères peuvent mettre quelques jours avant d'être vraiment visibles.

GÉRER UN ÉTAT DE CHOC page 117

PREMIERS SECOURS EN CAS DE BRÛLURES

Réagir à la brûlure chimique, thermique ou électrique de votre chat.

Si votre chat a marché dans un produit chimique, vérifiez qu'il n'en a pas ingéré.

Brûlures chimiques

Si votre chat a subi une brûlure chimique, suivez ces étapes :

- Protégez-vous bien du produit chimique en portant des gants et autres protections, si besoin.
- Passez la brûlure à l'eau fraîche pendant 20 minutes (si le produit chimique est gras, ajoutez un peu de produit vaisselle et rincez à l'eau). Vous pouvez immerger la brûlure dans l'eau fraîche ou recouvrir la zone concernée d'un linge humide et y verser de l'eau.
- Si la brûlure est au niveau de la gueule ou des yeux, vous devez aussi passer la zone à l'eau pendant 20 minutes.

Pour les brûlures au premier degré :

- Au bout de 20 minutes, tamponnez la zone avec un linge propre pour la sécher.
- Ne frottez pas, et n'appliquez pas de crème ou de beurre.
- Emmenez votre chat chez le vétérinaire.

Pour les brûlures au second et troisième degré :

- Laissez le linge humide sur la zone concernée.
- Emmenez votre chat chez le vétérinaire.
- N'oubliez pas de prendre le produit chimique avec vous.

Brûlures thermiques ou électriques

Si votre chat a subi une brûlure thermique ou électrique :

Rincez la brûlure à l'eau fraîche pendant 20 minutes. Vous pouvez immerger la brûlure dans l'eau ou recouvrir la zone concernée d'un linge humide et y verser de l'eau.

Pour les brûlures au premier degré :

- Au bout de 20 minutes, tamponnez la zone avec un linge propre pour la sécher
- Ne frottez pas, et n'appliquez pas de crème ou de beurre.
- Emmenez votre chat chez le vétérinaire.

Pour les brûlures au second et troisième degré :

- Laissez le linge humide sur la zone concernée.
- Emmenez votre chat chez le vétérinaire.

NOTE :

Il est très important de passer la zone brûlée à l'eau fraîche pendant 20 minutes pour redescendre la température de la peau et, ainsi, ne pas aggraver la blessure. Cela permet aussi de nettoyer la brûlure, d'éviter une infection, et donc d'optimiser la cicatrisation.

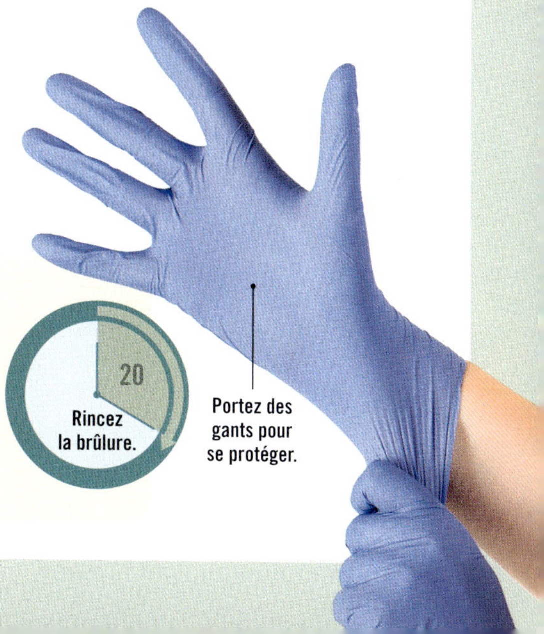

Portez des gants pour se protéger.

MORSURES ET PIQÛRES

Si vous pensez que votre chat s'est fait piquer par un insecte, surveillez l'apparition de rougeurs, de gonflements et s'il se gratte. Il arrive aussi parfois que l'animal s'évanouisse.

Les chats sont des animaux curieux, et si le vôtre peut aller dehors, il n'y a pas grand-chose à faire pour éviter les piqûres et les morsures d'insectes. Essayez de trouver ce qui l'a piqué ou mordu pour optimiser les soins.

MORSURES DE SERPENT

- Si vous voyez le serpent qui a mordu votre chat et que cela est sans danger, essayez de l'identifier.
- Ne touchez pas la morsure.
- Ne cherchez pas à mettre de la glace ou à vider la morsure. Emmenez immédiatement votre chat chez le vétérinaire.

Ci-dessous : si votre chat s'est fait piquer par une abeille, surveillez-le bien au cas où il ferait une réaction allergique (voir page ci-contre).

SOIGNER UNE PIQÛRE

Si vous pensez que votre chat est en état de choc, suivez les indications en page 117. Autrement, suivez ces étapes :

1 Si la piqûre est au niveau de la gueule ou de la gorge, les gonflements pourraient rapidement entraîner des difficultés respiratoires. Dans ce cas, contactez immédiatement le vétérinaire.

2 Si vous voyez le dard, essayez de le différencier de la poche à venin – une loupe pourra être utile. Utilisez une pince à épiler pour attraper le dard et retirez-le sans toucher à la poche à venin. Si vous appuyez dessus, encore plus de venin se diffusera dans le corps de votre chat.

3 Une fois le dard retiré, mettez une compresse froide sur la zone pour la faire dégonfler.

4 Si vous pensez qu'il s'agit d'une piqûre d'abeille, faites une pâte à base de bicarbonate de soude et d'eau et appliquez-la sur la piqûre pour neutraliser le venin. Si vous pensez que c'est une piqûre de guêpe, utilisez du vinaigre et du jus de citron mélangés.

5 Surveillez attentivement votre chat au cas où il ferait une réaction allergique, qui peut se manifester par un gonflement au niveau de la gorge, des difficultés à respirer, des vomissements, ou une perte de connaissance. Si vous remarquez l'un de ses signes, c'est une urgence, appelez immédiatement le vétérinaire.

NOTE :

Ne donnez pas de médicaments pour les humains à votre chat. Si vous pensez que votre animal a besoin de prendre des médicaments, emmenez-le chez le vétérinaire.

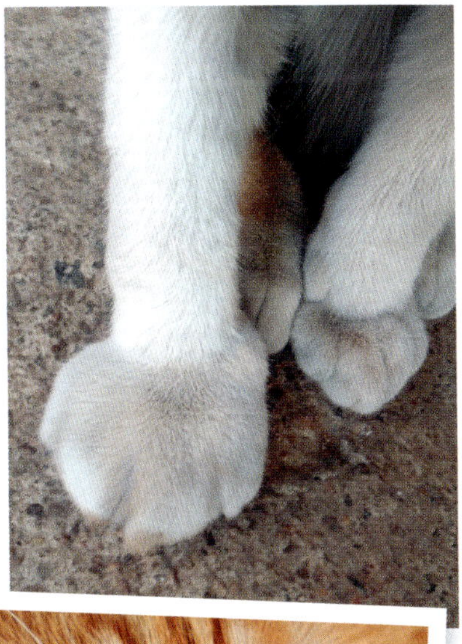

En haut et ci-dessus : même si on peut généralement soigner une piqûre d'abeille chez soi, il faut faire attention à l'endroit où l'animal s'est fait piquer : certaines zones sont plus dangereuses que d'autres.

GÉRER UN ÉTAT DE CHOC page 117

BLESSURES DE BAGARRES

Si vous pensez que votre chat s'est fait mordre ou griffer par un autre animal, et que la blessure s'est infectée, emmenez-le chez le vétérinaire pour qu'on lui prescrive des antibiotiques.

ÉVITER LES BAGARRES

La meilleure façon d'éviter les morsures et les blessures de bagarre est de garder votre chat à l'intérieur. Les abcès sont souvent dus à des plaies punctiformes causées par d'autres chats, et, plus rarement, des objets tranchants (voir page 129). Chez vous, veillez à ce que les objets tranchants ne traînent pas, et si vous vivez avec plusieurs animaux, surveillez leurs interactions.

NOTE :

Si un chat vous mord et que cela vous perfore la peau, nettoyez immédiatement la plaie et consultez un médecin.

Ci-dessous : si votre chat peut aller dehors, il est possible qu'il lui arrive de rentrer avec des blessures causées par une bagarre avec un autre chat.

Ci-dessus : les chatons ont naturellement tendance à vouloir jouer avec les autres, mais faites attention à ce que cela ne tourne pas à la bagarre et à l'agressivité en grandissant, un animal pouvant dominer l'autre. Dans ce cas, vous remarquerez que les chats ne jouent pas le rôle du chasseur chacun leur tour, comme c'est le cas dans le jeu.

Pour éviter que votre chat soit peu sociable et agressif avec ses congénères (et qu'il ait plus de chances de se blesser dans des bagarres), veillez ce qu'il ait de bonnes expériences avec d'autres félins dès le plus jeune âge. Les chats sont territoriaux, alors si vous envisagez un jour d'adopter un autre chat, vous pouvez faire en sorte que les futures présentations se déroulent en douceur en le présentant à d'autres chatons dès ses premiers mois. Si vous trouvez que votre chat est agressif, vous pouvez le faire stériliser : c'est un processus qui peut aider à réduire l'agressivité, notamment entre mâles.

Si vous avez plus d'un chat, séparez leurs gamelles de nourriture et d'eau, leurs couchages et leurs bacs à litière en les plaçant, si possible, à différents endroits de la maison. Des arbres à chats dispersés dans la maison peuvent aussi permettre aux animaux de se sentir plus à l'aise avec le fait de partager un même espace de vie tout en gardant leurs endroits favoris pour eux-mêmes.

GÉRER UN ÉTAT DE CHOC page 117
ABCÈS page 129
NETTOYER ET PANSER DES BLESSURES LÉGÈRES page 76

SOIGNER UNE BLESSURE DE BAGARRE

Si votre chat saigne, suivez les indications proposées sur la page ci-contre. S'il s'agit d'une blessure légère, nettoyez-la (voir page 76) et pansez-la (voir page 77). En revanche, si elle est profonde emmenez votre chat chez le vétérinaire.

Regardez si votre chat est blessé ailleurs. Si vous remarquez une plaie ressemblant à une morsure de chat, il y aura généralement un autre trou pas très loin. Les plaies punctiformes peuvent être bien plus profondes qu'elles en ont l'air, il est donc vivement conseillé d'emmener votre chat chez le vétérinaire.

Ci-dessous : les plaies punctiformes dues à des bagarres ont de grandes chances de s'infecter et doivent donc être systématiquement soignées par un vétérinaire, qui pourra peut-être prescrire des antibiotiques.

SIGNES QU'UNE PLAIE EST INFECTÉE

Les signes d'infection sont :

- Gonflement
- Signes de fièvre
- Sécrétion de pus
- Abcès

NOTE :

N'utilisez pas de médicaments ou de crèmes pour les humains sur votre chat.

Si sa plaie a l'air infectée, emmenez-le chez le vétérinaire.

GÉRER UN ÉTAT DE CHOC page 117
NETTOYER ET PANSER DES BLESSURES LÉGÈRES page 76

SI VOTRE CHAT SAIGNE

Pour contrôler les saignements, suivez ces étapes :

1 Appuyez sur la zone concernée avec une serviette propre ou une compresse.

2 Comprimez la zone pendant 10 minutes.

3 Si le sang traverse la serviette ou la compresse, ajoutez en une deuxième. Surtout, laissez la première couche pour ne pas gêner le processus de coagulation.

4 Si la blessure se situe au niveau d'une patte ou de la queue, maintenez la compresse en place grâce à un bandage.

5 Mettez votre chat sur le flanc.

6 Si la blessure se trouve sur une extrémité, surélevez la zone concernée pour réduire le flux sanguin.

NOTE :

Si au bout de 10 minutes les saignements continuent, emmenez votre chat chez le vétérinaire.

SAIGNEMENT

- Si votre chat est en état de choc, rendez-vous en page 117.
- Si l'endroit de la blessure le permet – milieu de la patte, par exemple –, vous pouvez maintenir la compresse grâce à un bandage (voir page 76). Si ce n'est pas possible – pour une blessure au niveau du visage, par exemple –, tenez bien le pansement en place.
- Si vous remarquez des gonflements, des odeurs, des sécrétions ou des rougeurs, emmenez votre chat chez le vétérinaire.

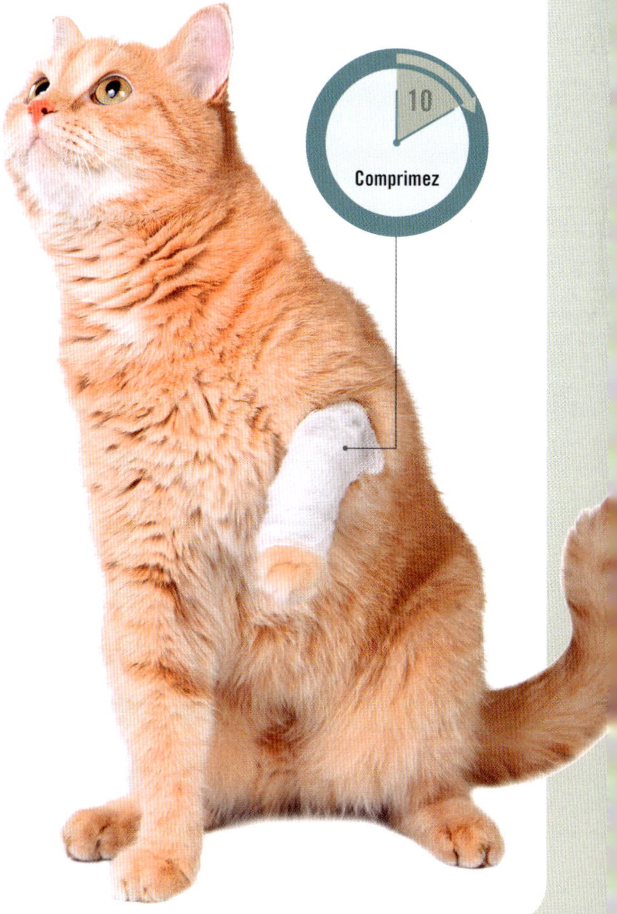

Ci-contre : si le sang commence à saturer la première compresse, ne l'enlevez pas et ajoutez-en d'autres par dessus pour permettre au sang de bien coaguler.

ACCIDENTS DE LA CIRCULATION ET AUTRES TRAUMATISMES

Si votre chat s'est retrouvé dans un accident de la route ou a subi un autre traumatisme – une chute, par exemple –, emmenez-le systématiquement et au plus vite chez le vétérinaire.

Même s'il n'a pas l'air d'avoir mal, votre animal est peut-être blessé sans que cela se voie.

EXAMINER SON CHAT APRÈS UN ACCIDENT

• Si votre chat s'est retrouvé dans un accident de la circulation, vérifiez que la voie est libre avant de vous aventurer sur la route. Si vous vous blessez aussi, vous serez le premier à recevoir des soins ; il est donc mieux pour vous comme pour votre chat de rester calme et d'être prudent.

Ci-dessus : vérifiez que la voie est libre avant de vous approcher de votre chat blessé. Si vous devez le déplacer pour le mettre en sécurité, transférez-le très délicatement sur une surface plane et rigide.

• Si vous devez déplacer votre chat faites-le très doucement pour éviter au maximum de changer sa position. Faites particulièrement attention à ne pas bouger sa tête ou sa colonne vertébrale. Transférez-le sur une surface plane et rigide : une planche de bois ou un morceau de carton épais.

• Quelle que soit la cause du traumatisme, appelez votre vétérinaie et prévenez-le que vous êtes en route pour le cabinet. Il vous indiquera quoi faire pour aider au mieux votre chat.

• Pour savoir si votre chat est mort ou juste inconscient, cherchez son pouls en plaçant une main sur sa poitrine juste en dessous du coude gauche. Les chats inconscients peuvent avoir des sursauts et les yeux fermés.

• Contrôlez la respiration de votre chat avant de vous occuper d'éventuels saignements importants ou de l'ausculter.

• Faites très attention en manipulant votre chat, les traumatismes peuvent entraîner des fractures thoraciques et donc un risque de perforation des poumons.

• Si vous pensez que votre chat ne respire plus, suivez les indications en page 124 pour le réanimer.

• S'il y a des saignements, prenez un linge propre ou des compresses et comprimez les blessures. Si possible, continuez d'appuyer jusqu'à l'arrivée chez le vétérinaire.

• Si votre chat a des plaies perforantes ou des fractures visibles à travers la peau, recouvrez la blessure d'une compresses stérile ou d'un linge propre pour éviter les risques d'infection. N'essayez jamais de mettre une attelle sur un os cassé. Pour plus d'informations concernant les fractures, consultez la page 126.

• Transportez votre chat en essayant de le faire bouger le moins possible. Essayez d'emmener quelqu'un pour maintenir votre chat pendant le trajet. Si vous êtes seul, mettez votre chat sur la planche dans sa caisse de transport, et si vous n'en avez pas, prenez une boîte en plastique ou en carton. Si vous utilisez une boîte en carton, recouvrez le fond d'un sac plastique et de papier absorbant par dessus pour éviter que le carton s'imbibe et s'ouvre par en dessous si votre chat urine.

Ci-dessus : les chats n'atterrissent pas toujours sur leurs pattes, et les fois où c'est le cas, l'impact peut entraîner de graves blessures aux pattes.

NOTE :

Après avoir essayé de réanimer votre chat, emmenez-le directement chez le vétérinaire. Si vous pensez que votre chat est en état de choc, suivez les indications en page 117.

Si votre chat a subi un traumatisme à la suite d'un accident de la route, une chute ou autre, emmenez-le immédiatement chez le vétérinaire. Il pourrait avoir l'air de bien aller, mais le traumatisme peut avoir des conséquences invisibles à l'œil nu.

FRACTURES page 126
RÉANIMATION page 124
DÉPLACER UN CHAT BLESSÉ/PARALYSÉ page 157
NETTOYER ET PANSER DES BLESSURES LÉGÈRES page 76
TRANSPORTER SUR UNE CIVIÈRE page 74

TRAUMATISME CRÂNIEN

Si vous pensez que votre chat a subi un traumatisme crânien, commencez par contrôler sa respiration.

1 Si votre chat ne respire pas, réanimez-le en suivant la procédure en page 124.

2 Vérifiez ensuite s'il a du sang au niveau des yeux, du museau ou de la gueule. S'il saigne de l'œil ou ailleurs sur la tête, comprimez la blessure avec une compresse pour arrêter le saignement (voir page 137).

3 Si ses pupilles sont fixes et dilatées, ou vec une dilatation hétérogène.

4 Même en l'absence de signes visibles de blessure, en cas de traumatisme crânien, emmenez-le immédiatement chez le vétérinaire. Le traumatisme peut avoir endommagé son cerveau et lui être fatal.

NOTE :

Si votre chat saigne du museau ou de la gueule, ne cherchez pas à contrôler les saignements et privilégiez plutôt le fait de l'emmener chez le vétérinaire.

RÉANIMATION page 124
SAIGNEMENTS page 137

Ci-dessous : tout traumatisme crânien doit être pris au sérieux. Si votre chat a reçu un coup au niveau de la tête, cherchez la présence éventuelle de sang ou de blessure au niveau des yeux, du museau et de la gueule.

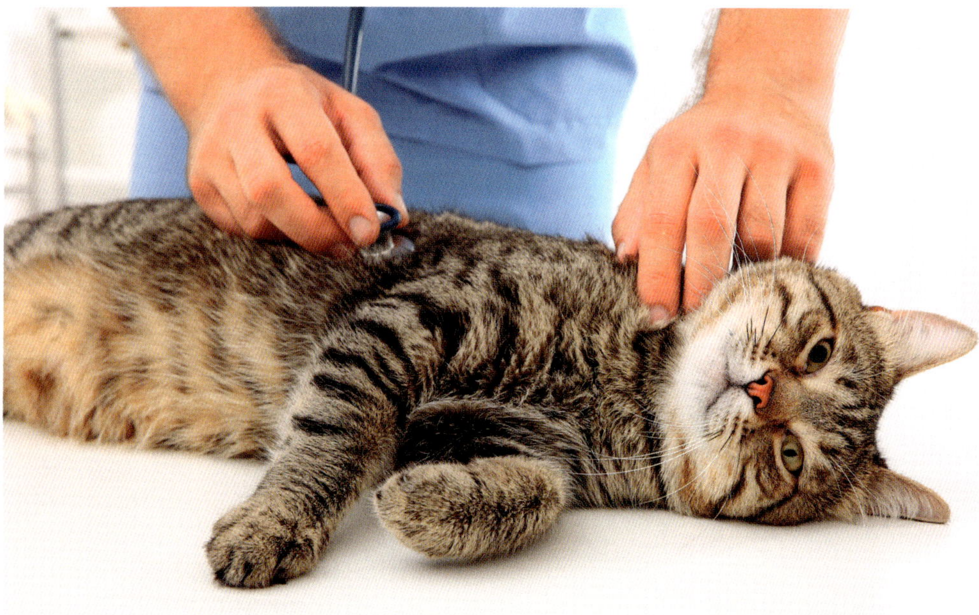

BLESSURE À LA QUEUE

Si votre chat ne bouge plus la queue, ou si elle n'est pas comme d'habitude, ce peut être le signe d'une blessure.

Ci-contre : on peut répartir les blessures à la queue en 4 grandes catégories : égratignures, coupures et lacérations ; abcès ; os fracturés et cassés ; lésions nerveuses.

• Si votre chat a la queue lacérée, enveloppez-la dans une serviette propre et emmenez-le chez le vétérinaire. Dans ces cas-là, les risques d'infection sont élevés et la blessure doit être soignée par un professionnel. Le vétérinaire pourra aussi soulager votre chat s'il souffre.

• Si votre chat s'est égratigné ou coupé, comprimez la blessure avec une serviette propre ou une compresse pendant 10 minutes pour arrêter les saignements. Si le sang traverse la serviette ou la compresse, ne la retirez pas et mettez-en une autre par dessus pour ne pas empêcher le sang de coaguler.

• Une fois le saignement maîtrisé, nettoyez la plaie (voir page 76) et faites un bandage pas trop serré sur la queue (voir page 76). Si après 10 minutes la queue continue de saigner ou gonfle et que la peau change de couleur, emmenez votre chat chez le vétérinaire.

• Si la queue de votre chat s'est déboîtée ou fracturée et qu'elle pend, les nerfs ont peut-être été touchés. Si vous remarquez que votre chat ne bouge ou ne lève plus la queue quand il va à la selle, emmenez-le chez le vétérinaire.

NOTE :

Si au bout de 10 minutes les saignements continuent, emmenez votre chat chez le vétérinaire.

SIGNES QU'UNE PLAIE EST INFECTÉE

Si vous pensez que la plaie de votre chat s'est infectée, emmenez-le chez le vétérinaire.

Voici quelques-uns des signes qui peuvent vous alerter :

- Gonflement
- Sécrétion de pus
- Signes de fièvre
- Abcès

SAIGNEMENTS page 137
ABCÈS page 129
FRACTURES page 126
NETTOYER ET PANSER DES BLESSURES LÉGÈRES page 76

BLESSURE À LA PATTE

Un chat qui boite ou qui se lèche beaucoup la patte peut être blessé à cet endroit. Ce genre de blessure est généralement douloureux, et les risques d'infection sont plus élevés à cause du contact fréquent avec le sol.

- Si les coussinets saignent, comprimez la blessure avec une serviette propre ou une gaze. Si le sang la traverse, rajoutez-en une par dessus. Ne retirez pas la première pour éviter de gêner le processus de coagulation. Si au bout de 10 minutes, les saignements continuent, emmenez votre chat chez le vétérinaire.

NOTE :

Si au bout de 10 minutes les saignements continuent, emmenez votre chat chez le vétérinaire.

- Une fois les saignements maîtrisés, pansez la blessure. Enveloppez bien toute la patte, et enfilez une chaussette pour bébé pour maintenir le pansement en place.

- S'il n'y a pas de plaie apparente, mais que votre chat a la patte gonflée, appliquez un pain de glace sur sa patte pendant 15 minutes, 2 fois par jour. Vous pouvez aussi aider à la cicatrisation en plongeant sa patte dans de l'eau. Si après 2 jours le gonflement ne s'est pas résorbé, emmenez-le chez le vétérinaire.

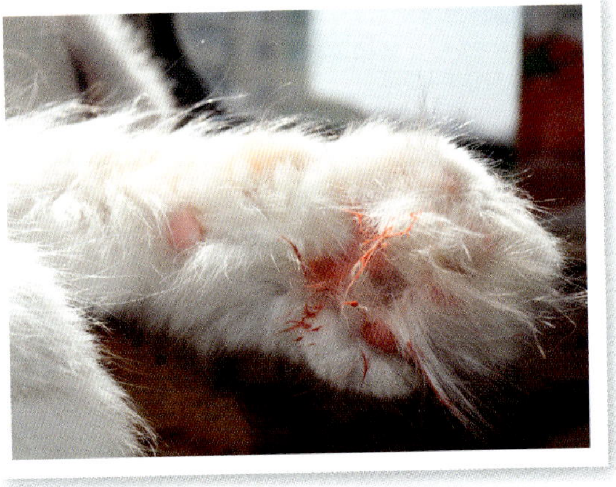

Ci-dessus : examinez attentivement la blessure pour contrôler qu'il n'y a pas de corps étranger dans la plaie. Si quelque chose y est coincé, emmenez votre chat chez le vétérinaire.

Ci-contre : pour réduire un gonflement, appliquez un pain de glace sur la patte de votre chat ou plongez-la dans l'eau pendant 15 minutes, 2 fois par jour.

NETTOYER ET PANSER DES BLESSURES LÉGÈRES page 76

• Si votre chat a un abcès au niveau de la patte, appliquez une compresse imbibée de solution saline, ou plongez la zone concernée dans un bain de solution saline (voir page 80). Si l'abcès se perce, emmenez votre chat chez le vétérinaire.

• Si votre chat s'est blessé à la patte, gardez-le dans une pièce, à l'écart des autres animaux, pour mettre sa patte au repos le temps de cicatriser. Veillez à ce que les bandages soient toujours secs et changez-les tous les jours (voir page 86). Surveillez l'évolution de la patte : gonflement, mauvaises odeurs, sécrétions de pus, changement de couleur... Au premier signe, emmenez votre chat chez le vétérinaire. La patte s'est peut-être infectée ou manque d'irrigation.

• Si après 2 jours, la patte de votre chat continue de saigner ou que la plaie ne se referme pas, emmenez votre chat chez le vétérinaire.

Ci-contre : les blessures aux coussinets sont douloureuses. Gardez votre chat à l'intérieur et à l'écart des autres animaux pour qu'il soit moins actif.

Ci-dessous : si vous remarquez que votre chat essaye de lécher sa blessure, mettez-lui une collerette.

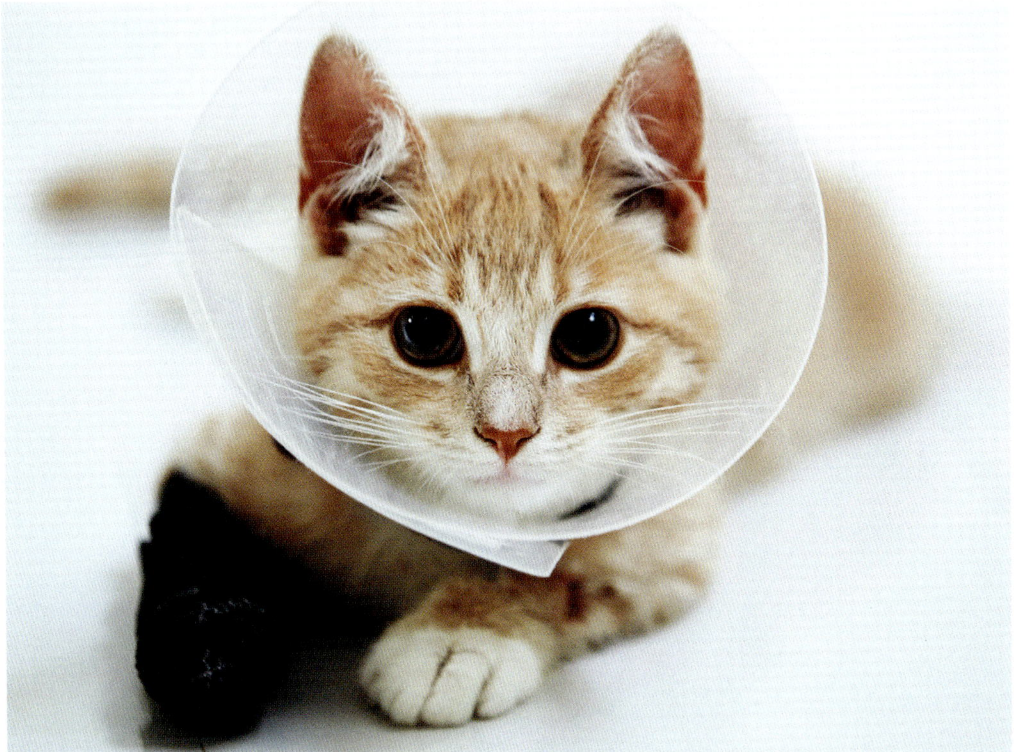

PROBLÈMES URINAIRES

Les changements d'habitudes urinaires chez le chat peuvent être le signe d'un problème de santé bien plus grave. Il faut donc réagir au plus vite pour obtenir un diagnostic, et une prise en charge médicale.

Les infections urinaires félines sont fréquentes et peuvent être mortelles. Il est donc important d'emmener immédiatement votre chat chez le vétérinaire si vous remarquez l'un des signes listés dans l'encadré ci-contre.

RECONNAÎTRE UN PROBLÈME URINAIRE

- Votre chat a-t-il des difficultés à uriner ?
- Votre chat semble-t-il avoir mal quand il urine ?
- Votre chat va-t-il dans sa litière très souvent ?
- Y a-t-il la présence de sang dans son urine ?
- Urine-t-il peu ?
- Votre chat se lèche-t-il souvent les parties génitales ?

Si vous répondez « oui » à l'une de ces questions, il est possible que votre chat ait un problème urinaire.

Ci-contre : si vous pensez que votre chat souffre d'un problème urinaire, observez s'il se lèche souvent les parties génitales.

Ci-dessus : les infections urinaires peuvent entraîner la formation de cristaux, que l'on appelle des calculs, qui irritent les parois des voies urinaires et empêchent l'urine de circuler normalement.

NOYADE

Si cela ne présente aucun danger, sortez votre chat de l'eau et vérifiez s'il est conscient. Si ce n'est pas le cas, vous devez immédiatement agir pour lui sauver la vie.

Une noyade se déroule généralement en 4 étapes : le chat commence par retenir sa respiration et essayer de nager. Il respire ensuite dans l'eau et s'étouffe. Après, il vomit, et enfin il arrête de bouger. Son cœur et sa respiration ralentissent jusqu'à s'arrêter, et qu'il décède.

Si votre chat a survécu pendant 24 heures ou plus dans l'eau, il montrera sûrement des signes de quasi-noyade comme : un taux élevé de CO_2 dans le sang, une respiration plus rapide, la présence de liquide dans les poumons. La quasi-noyade peut entraîner de graves problèmes de santé voire la mort.

Ci-dessous : si votre chat a passé beaucoup de temps dans l'eau, emmenez-le chez le vétérinaire dès que possible.

RÉANIMER UN CHAT QUI SE NOIE

Si votre chat est inconscient, suivez ces étapes :

NOTE :
Si votre chat a failli se noyer, mais qu'il a l'air d'être en bonne santé, emmenez-le quand même chez le vétérinaire.

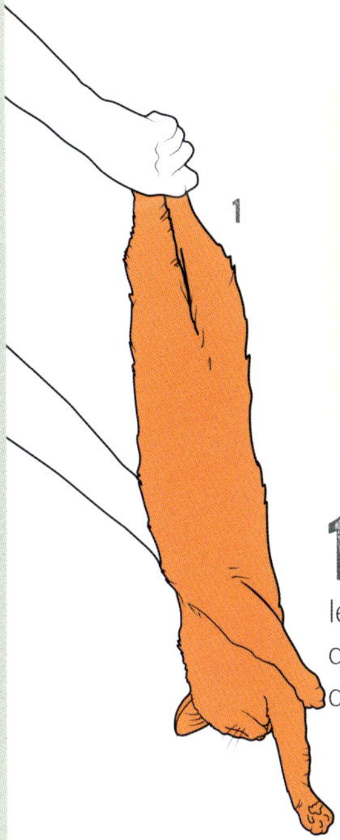

1

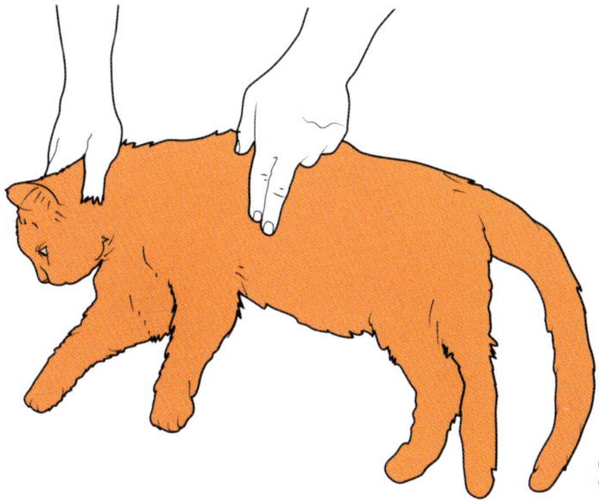

2

1 Tenez votre chat à l'envers par les pattes arrière pour que l'eau puisse sortir de ses poumons.

2 Allongez votre chat sur le flanc.

3 Contrôlez si son cœur bat toujours et s'il respire encore.

4 Faites en sorte que sa tête soit plus basse que son arrière-train.

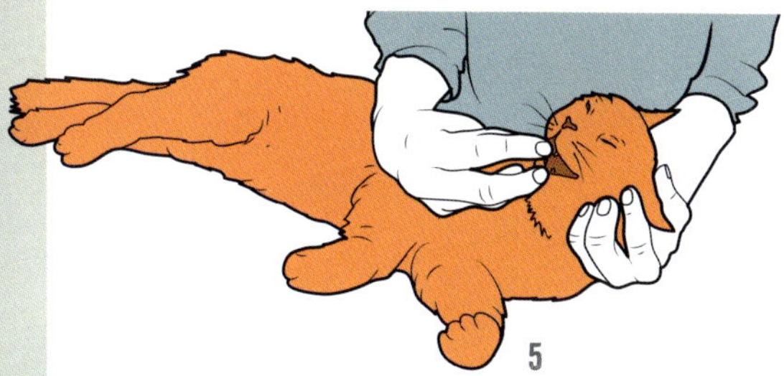

5

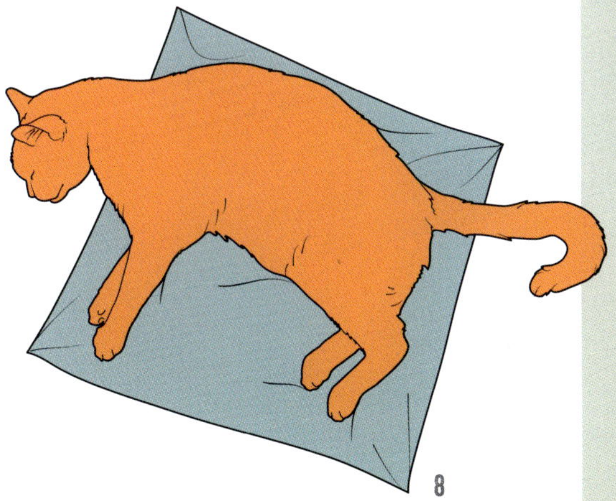

8

5 Regardez s'il a quelque chose dans la gueule.

6 Sortez sa langue et retirez ce qui pourrait gêner les voies respiratoires.

7 Si votre chat ne respire toujours pas, suivez les consignes de réanimation (voir page 124).

8 Si votre chat est conscient, enveloppez-le dans une serviette pour l'emmener chez le vétérinaire.

RÉANIMATION page 124

ÉLECTROCUTION

En cas d'électrocution, éteignez l'appareil responsable de l'incident ou écartez votre chat avec quelque chose de sec et non métallique comme du bois ou du caoutchouc.

Avant de vous occuper d'un chat électrocuté, vérifiez que l'endroit est sans danger. Les électrocutions touchent généralement les jeunes chats qui mâchouillent des fils électriques. Les conséquences dépendront de la puissance du courant, du voltage, et de la durée du contact. Il est parfois difficile d'estimer la gravité d'une électrocution dans les premiers jours suivant l'incident.

NOTE :

Si l'électrocution a été causée par une ligne à haute tension ou autre élément à haute tension, prévenez la police.

Ci-dessous : chez vous, faites le nécessaire pour que votre chat ne puisse pas accéder aux sources de courant. Si vous avez des câbles accessibles, cachez-les pour protéger votre chat.

GÉRER UN CHOC ÉLECTRIQUE

- Si votre chat a mâchouillé un câble, il y a un risque qu'il se soit brûlé la gueule ou la langue. Ce genre de blessure peut être très grave – état de choc et/ou arrêt cardiaque – et nécessite d'emmener au plus vite votre chat chez le vétérinaire.

- Si votre chat ne respire plus, réanimez-le (voir page 124).

- Si vous n'êtes pas sûr que votre chat s'est électrocuté, cherchez la présence de l'un des signes mentionnés ci-dessous.

Ci-dessus et ci-dessous : si vous pensez que votre chat s'est électrocuté, cherchez des signes de brûlures. Il peut aussi convulser, s'évanouir, baver et avoir du mal à respirer.

NOTE :

Si vous remarquez la présence de l'un des signes mentionnés ci-dessous, emmenez votre chat chez le vétérinaire.

RÉANIMATION page 124

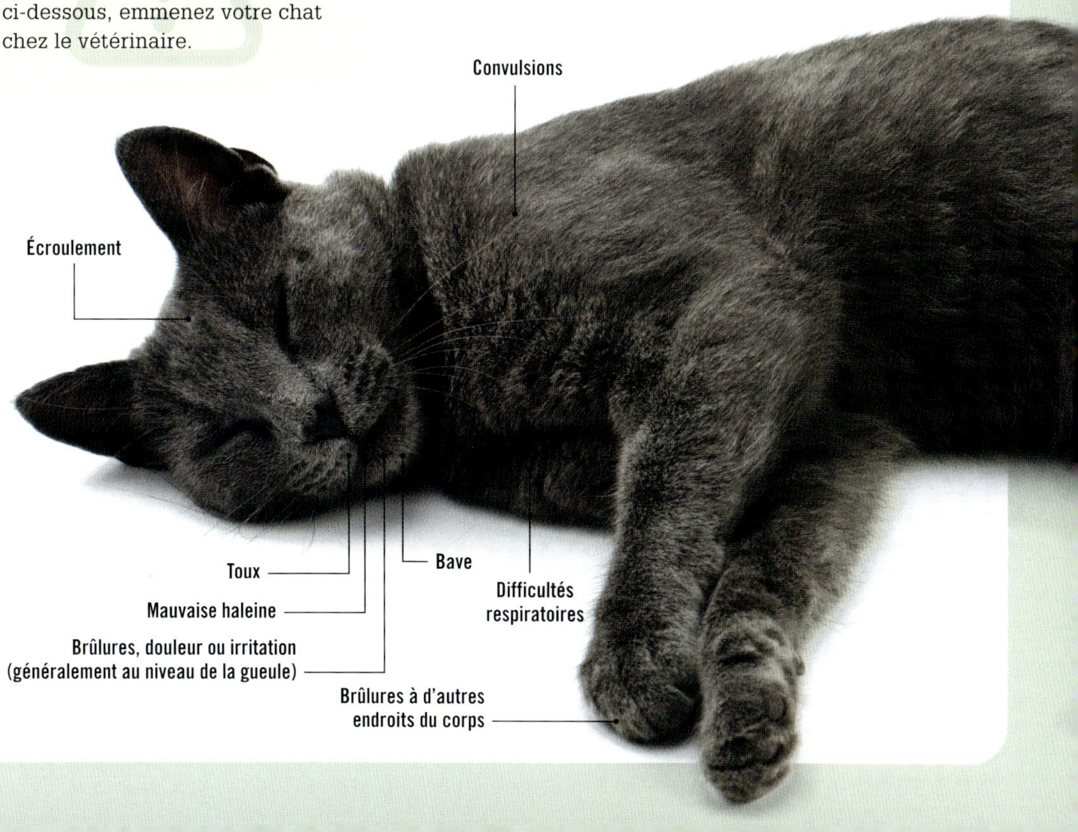

FIÈVRE

Si vous avez l'impression que votre chat ne se sent pas bien – s'il est léthargique et ne s'alimente pas correctement, par exemple, il a peut-être de la fièvre.

On peut savoir si un chat a de la fièvre en lui tâtant le corps, ou grâce à un thermomètre auriculaire, même si les résultats ne sont pas très précis. Si votre chat vous semble anormalement chaud, ou qu'il a de la fièvre depuis plus de 24 heures, emmenez-le tout de suite chez le vétérinaire.

Si votre animal a un peu de température, auscultez-le délicatement et attentivement à la recherche de blessures, d'abcès, de tumeur ou de ganglions gonflés.

SI VOTRE CHAT EST BLESSÉ

Si vous identifiez quelque chose comme pouvant être un os fracturé, une tumeur, une plaie ou un abcès infecté, ou toute autre blessure grave, emmenez tout de suite votre chat chez le vétérinaire. Si vous sentez des ganglions gonflés sous sa mâchoire, au niveau des épaules, de l'aine, ou à l'arrière des jambes, emmenez tout de suite votre chat chez le vétérinaire.

Ci-dessous : si vous pensez que votre chat ne va pas bien, auscultez délicatement son corps à la recherche de ganglions gonflés, qui peuvent être un signe de fièvre.

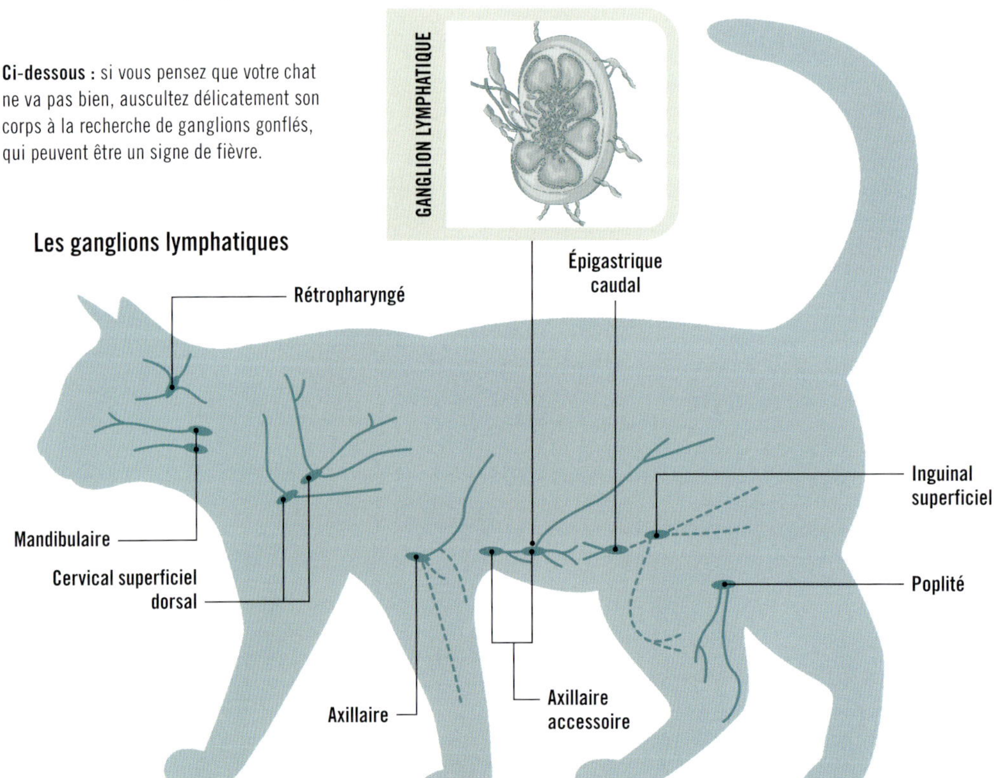

SI VOTRE CHAT NE SEMBLE PAS BLESSÉ

Si votre chat n'est pas blessé et que cela fait moins de 24 heures qu'il a un peu température, vous pouvez essayer de la faire baisser chez vous :

1 Installez votre chat dans une pièce sombre et fraîche, avec de préférence un sol carrelé.

2 Mettez de l'eau fraîche et sa nourriture habituelle à disposition près de lui.

3 S'il a du mal à boire, utilisez une seringue (sans aiguille) pour l'hydrater.

4 Posez un ventilateur près de lui si vous en avez un.

5 Vous pouvez aussi doucement l'arroser avec un peu d'eau fraîche (pas froide) ou utiliser un linge pour humidifier son pelage.

Ci-dessus : si votre chat a de la fièvre sans avoir l'air blessé, essayez de faire baisser sa température en l'installant dans une pièce fraîche et sombre.

Ci-contre et ci-dessous : les thermomètres auriculaires ne sont pas très précis, mais vous pouvez en mettre un dans le kit de premiers soins de votre chat, et utilisez une seringue pour aider votre chat à boire.

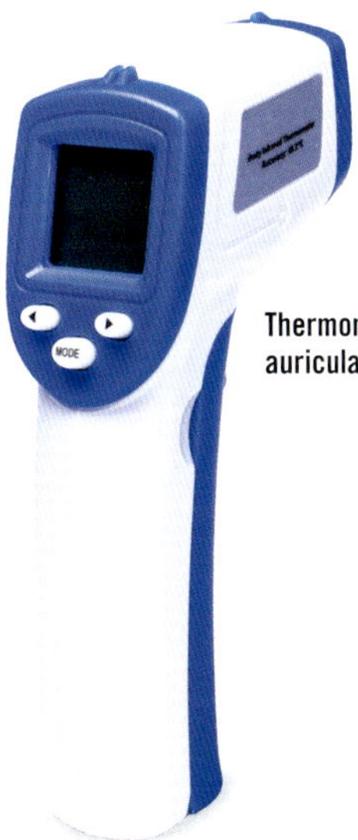

Thermomètre auriculaire

Seringue pour donner à boire

VOMISSEMENT

Si votre chat a l'air en bonne santé, mais qu'il vomit, retirez-lui sa nourriture et donnez-lui de l'eau fraîche. Attendez 2 heures après l'arrêt des vomissements avant de lui proposer environ 1 cuillère à café de nourriture. S'il la mange et n'est pas malade dans les heures qui suivent, donnez-lui en une autre, et ainsi de suite pendant 24 heures avant de reprendre sa routine alimentaire classique.

Si votre chat vomit depuis plus de 24 heures ou si sa santé semble se dégrader, appelez le vétérinaire pour lui demander conseil.

Si votre chat manifeste l'un des signes suivants, contactez le vétérinaire dès que possible :

Ci-dessus : avant de vomir, votre chat aura des hauts le cœur. Vous remarquerez aussi peut-être qu'il salive beaucoup, déglutit à répétition et a des contractions au niveau de l'abdomen.

NOTE :

Si votre chat vomit et a la diarrhée en même temps, appelez le vétérinaire.

DIARRHÉE

Si votre chat fait a la diarrhée mais qu'il ne vomit pas, son état peut s'améliorer de lui-même. Mettez-lui beaucoup d'eau à disposition et incitez-le, si possible, à boire. En cas de diarrhée, essayez de lui donner des aliments non transformés comme du poisson ou du poulet.

Si après 24 heures la diarrhée persiste, et votre chat montre d'autres signes inquiétants, qu'il soit jeune, âgé, ou qu'il ait un problème de santé particulier, emmenez-le chez le vétérinaire. Si la diarrhée contient du sang, est très foncée, liquide, ou explosive, emmenez-le chez le vétérinaire.

Poisson blanc

Ci-dessous et ci-contre : quand votre chat n'a plus la diarrhée, incitez-le à boire et commencez à le réalimenter avec des petites portions d'aliments non transformés.

Poulet cuit

CONVULSIONS

Si votre chat a des convulsions, rappelez-vous qu'il est inconscient et ne souffre pas. Comme votre chat peut avoir de violentes convulsions au niveau des pattes et de la gueule, faites attention de ne pas vous faire blesser.

Si la crise dure plus de 5 minutes, emmenez votre chat chez le vétérinaire. S'il a fait plus d'une crise au cours des dernières 24 heures, emmenez-le également.

Après une crise, votre chat peut être désorienté, se comporter bizarrement, et devenir agressif. Si on ne lui a pas diagnostiqué de pathologies pouvant provoquer des convulsions, emmenez-le chez le vétérinaire pour en identifier la cause.

SIGNES D'UNE CRISE CONVULSIVE

- Évanouissement soudain
- Tremblements incontrôlés des pattes
- Spasmes au visage
- Salivation
- Perte de connaissance
- Miction et défécation

NOTE :

Si votre chat montre l'un des signes listés ci-dessus, emmenez-le chez le vétérinaire.

Ci-dessous : si votre chat a des convulsions, vous aurez peut-être naturellement envie de le caresser et l'apaiser, ce qui peut en fait prolonger la crise ; si besoin est, déplacez-le dans un endroit sûr, au calme, et surveillez-le.

RÉAGIR EN CAS DE CRISE CONVULSIVE

Si votre chat convulse, suivez ces étapes :

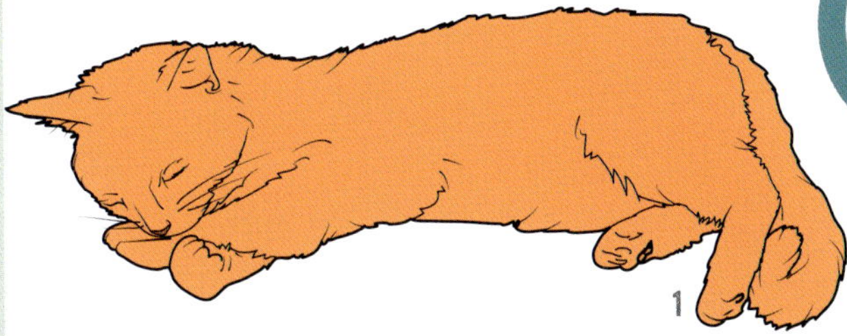

1

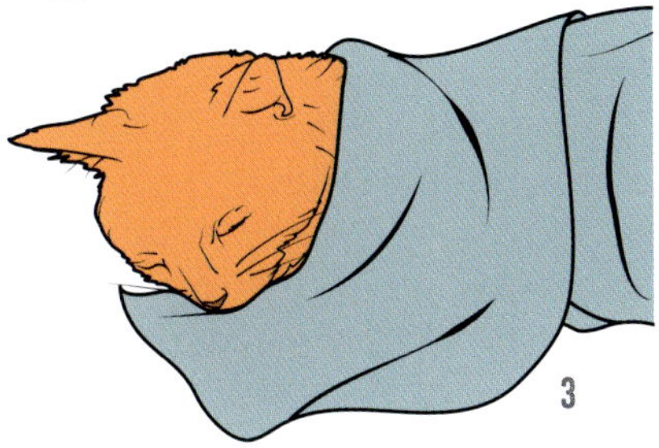

3

1 Minutez la durée de la crise.

2 Ne cherchez pas à tenir ou taper votre chat car les stimulations peuvent prolonger une crise.

3 Faites en sorte que votre chat ne se blesse pas : laissez-le au sol, loin de tout objet tranchant ou chaud, d'appareils électriques, et d'eau. Si vous devez le déplacer pour le mettre en sûreté, enroulez-le dans une serviette.

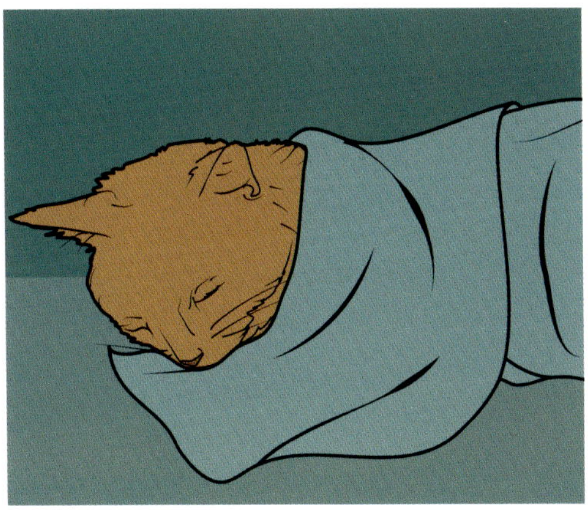

4

4 Plongez la pièce dans l'obscurité et faites silence.

Ci-contre : une crise dure généralement de 1 à 3 minutes, et la récupération peut aller de quelques secondes à plusieurs heures.

PARALYSIE

Si votre chat perd la mobilité d'une partie de son corps, il peut s'agir d'une paralysie. Appelez le cabinet vétérinaire pour prévenir que vous arrivez et emmenez immédiatement votre chat.

Chez le chat, les paralysies peuvent se manifester de 2 manières : une paralysie partielle – impossibilité de bouger une patte, par exemple –, ou paralysie de tout le corps. Si votre chat n'arrive plus du tout à bouger son corps, c'est le signe que quelque chose a interrompu les transmissions nerveuses avec le cerveau. Toute forme de paralysie est grave et doit être considérée comme une urgence.

Ci-contre : si votre chat a une partie du corps paralysée, il faudra l'aider dans ses routines quotidiennes, comme le brossage et la toilette.

CAUSES D'UNE PARALYSIE

Les paralysies peuvent apparaître spontanément, parfois à cause d'un problème de santé sous-jacent.

Les causes courantes sont les suivantes :

- Piqûre de tique
- Caillot de sang
- AVC
- Infection virale
- Cryptococcose
- Lésion nerveuse
- Traumatisme
- Tumeur
- Botulisme
- Toxoplasmose (infection parasitaire)
- Inflammation de la colonne vertébrale ou du système nerveux central

Ci-contre : certaines tiques produisent une toxine qui paralyse les chats. Si une tique a mordu votre chat, emmenez-le chez le vétérinaire pour qu'on le soigne en urgence.

DÉPLACER UN CHAT PARALYSÉ

• Transférez votre chat sur une surface plane et rigide (une planche de bois, ou un morceau de carton épais) en faisant attention à ne pas changer la position de la zone du corps paralysée.

• Si possible, emmenez quelqu'un avec vous pour tenir votre chat pendant le trajet.

• Si vous êtes seul, mettez votre chat sur la planche dans une caisse de transport, et si vous n'en avez pas, prenez une boîte en plastique ou en carton.

TRANSPORTER SUR UNE CIVIÈRE page 74

Fabriquez une civière pour transporter votre chat.

SOLUTIONS À LONG TERME POUR UN CHAT PARALYSÉ

Selon la gravité de la paralysie, voici quelques éléments à modifier chez vous :

- Bac à litière moins profond
- Plateforme surélevée pour manger
- Panier orthopédique
- Rampe pour accéder à son panier
- Barrière de sécurité pour escalier
- Brossage régulier
- Aide à la toilette et au lavage
- Aide pour les besoins

Si votre chat a subi un traumatisme ou a fait un AVC, il aura peut-être besoin d'un fauteuil roulant ou d'une aide à la marche. Le chirurgien vous expliquera les différentes options. Il vous aidera à faire le meilleur choix en fonction de la situation.

Ci-dessus : votre chat peut continuer à avoir une belle vie malgré sa paralysie, même s'il y a différents ajustements à faire pour lui rendre la vie plus facile.

EMPOISONNEMENT

Certains aliments pour humains sont des poisons pour les chats, ne lui donnez pas ce que vous mangez afin d'éviter des intoxications accidentelles. La nourriture pour chat est conçue pour être nourrissante et savoureuse. Si vous souhaitez le gâter avec des friandises, achetez-en en animalerie.

Vérifiez que les médicaments, les détergents et les autres produits chimiques sont bien hors de portée de votre chat. S'il a compris comment ouvrir les portes de placard, pensez à investir dans des sécurités pour enfant. N'utilisez pas d'antiparasites là où votre chat pourrait s'aventurer, que ce soit dans la maison ou aux alentours.

Ci-dessous : la plupart des intoxications alimentaires du chat sont évitables. Prenez vos précautions en rangeant tous les produits toxiques dans des endroits auxquels votre animal n'a pas accès.

SUBSTANCES POTENTIELLEMENT TOXIQUES POUR LES CHATS

Rangez les aliments, médicaments, et plantes toxiques dans des placards ou hors de portée. Voici quelques-uns des aliments toxiques :

PLANTES POTENTIELLEMENT TOXIQUES POUR LES CHATS

Faites attention aux fleurs et plantes d'intérieur toxiques.
La liste est longue et comprend beaucoup d'espèces répandues, dont :

SIGNES D'INTOXICATION CHEZ LE CHAT

Une intoxication peut se manifester de différentes façons et dépendra du poison et de la manière dont votre chat l'a absorbé (avalé, respiré ou touché).

Les signes les plus courants sont :

- Vomissements
- Diarrhée
- Faiblesse
- Gencives pâles
- Difficultés respiratoires
- Bave
- Sang dans le vomi, les selles, ou la salive
- Soif excessive
- Perte d'appétit

PRÉCAUTIONS SUPPLÉMENTAIRES

Si vous avez un chat, les lys sont à bannir absolument de votre logement. Les plantes de la famille *Lilium* et *Hemerocallis* sont très toxiques et peuvent entraîner la mort. Par exemple, on pourrait imaginer que du pollen de lys – dont toutes les parties sont toxiques – s'accroche dans les poils de votre chat, puis qu'il l'ingère en se léchant, entraînant ensuite une insuffisance rénale aiguë.

Si vous avez de l'antigel chez vous, rangez-le hors de portée de votre chat. Ces félins sont très attirés par cette substance et son ingestion provoque une grave maladie des reins, puis la mort – l'équivalent d'une seule cuillère à café d'antigel suffit. Pour éviter que votre chat en ingère, nettoyez systématiquement derrière vous (même pour une goutte), et rangez les bidons dans un placard ou une boîte.

NOTE :

Ne faites pas vomir votre chat sauf si le vétérinaire vous l'a conseillé.

AGISSEZ !

En cas d'intoxication, il faut agir vite. Si vous pensez que votre chat est empoisonné, emmenez-le directement chez le vétérinaire.

S'il a ingéré du pollen de lys, de l'antigel, du désherbant, ou une substance mentionnée dans les pages précédentes, emmenez-le dès que possible chez le vétérinaire. Les chats peuvent aussi s'intoxiquer à cause d'un surdosage d'anti-puce, de poison à rats et de médicaments pour l'humain. Si votre chat a mangé quelque chose dont vous ne connaissez pas la toxicité, appelez le centre antipoison CAPAE-Ouest pour le savoir : https://www.centre-antipoison-animal.com/.

Ci-contre : si votre chat montre des signes d'intoxication, emmenez-le chez le vétérinaire dès que possible ; plus tôt il sera pris en charge, plus il aura de chance de s'en remettre.

GESTATION

Si votre femelle n'a pas été stérilisée et que vous la pensez gestante, emmenez-la chez le vétérinaire pour en avoir la confirmation. Il y a des chances pour qu'au moment où vous vous apercevrez des premiers signes, votre chatte soit déjà à quelques semaines de grossesse.

Chez les chats, la gestation dure 60 à 67 jours. Comme il est difficile de déterminer exactement quand le travail d'une chatte va commencer, la plupart des gens se préparent à une mise bas chez eux. En cas de doute concernant le déroulement, prenez rendez-vous chez le vétérinaire pour que l'on puisse vous conseiller et répondre à vos questions. Votre chatte aura besoin de vous pendant sa grossess, et vous devrez être aux petits soins de la maman et sa portée dans les jours qui suivent la naissance.

Ci-dessus et ci-dessous : si vous pensez que votre chatte est gestante, emmenez-la chez le vétérinaire. Il pourra vous accompagner tout au long de la gestation et vous donner des conseils personnalisés sur la mise bas.

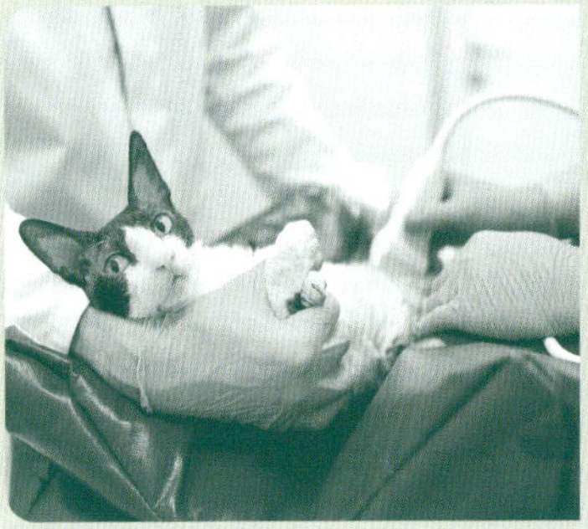

ACCOMPAGNEMENT VÉTÉRINAIRE PENDANT LA GROSSESSE

PRÉPARATION DE LA MISE BAS

Dans les dernières semaines de gestation, votre chatte va commencer à chercher des endroits où nidifier. Dans un endroit sombre et calme de la maison, préparez-lui une boîte en carton avec du journal et des vieilles couvertures ou serviettes propres qui pourra faire office de « nid ». Gardez votre animal à l'intérieur pendant la dernière semaine de grossesse pour pouvoir la surveiller et réagir en cas de complications.

Ci-dessus : pour vous préparer à une mise bas à la maison, mettez quelques serviettes et couvertures dans une boîte ou un panier qui fera office de « nid », et placez-le dans un endroit calme où votre chatte se sentira à l'aise et en sécurité.

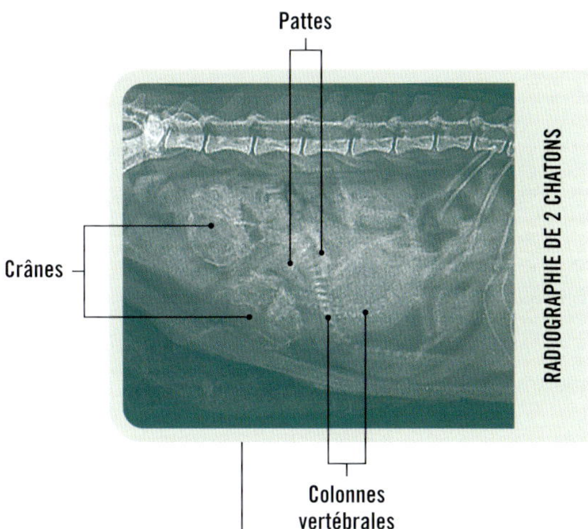

MISE BAS

Juste avant le travail, votre chatte va commencer à s'agiter en miaulant, en haletant et en se léchant souvent les parties génitales et les mamelles. Elle arrêtera aussi peut-être de s'alimenter quelques heures avant la mise bas, qui se déroule généralement en 3 temps.

Première phase

Dans une mise bas normale, la première phase peut durer jusqu'à 36 heures – surtout si c'est une première portée. Pendant cette période, le col de l'utérus et le vagin vont se détendre, puis l'utérus va commencer à se contracter. Cette phase ne demande pas d'efforts à votre chatte, mais vous verrez peut-être ses petits bouger dans le ventre. Elle commencera sûrement à faire des allers-retours dans son « nid ». Surveillez-la bien et rassurez-la avec du réconfort et des encouragements.

NOTE :

Si, à un quelconque moment de la mise bas, vous commencez à avoir des doutes, n'hésitez pas à appeler le vétérinaire pour lui demander des conseils.

Deuxième phase

Pendant la deuxième phase de la mise bas, les contractions utérines sont plus fortes et plus fréquentes. Le premier chaton va descendre dans le bassin, et vous pourrez apercevoir la poche amniotique au niveau de la vulve. Cette poche va se rompre, et laisser s'écouler un liquide que votre chatte aura sûrement envie de lécher. La deuxième partie de la poche, qui contient le chaton, passera le bassin. Vous devriez d'abord voir sortir la tête puis le corps. Cette phase devrait durer entre 5 et 30 minutes.

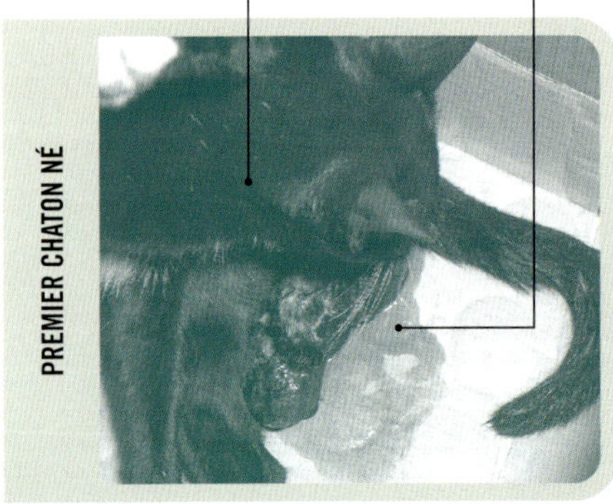

PREMIER CHATON NÉ

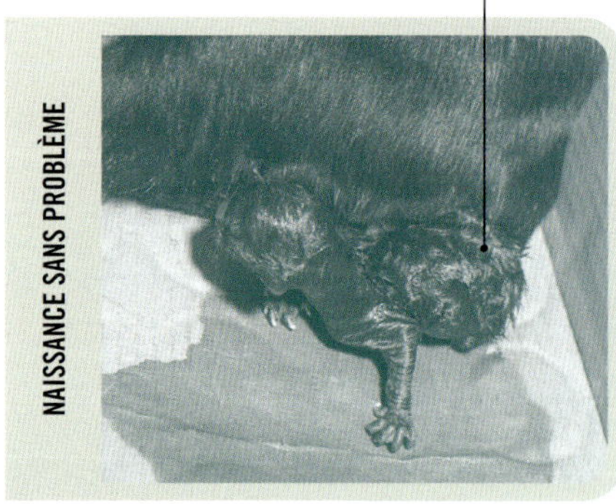

NAISSANCE SANS PROBLÈME

NOTE :

Il arrive parfois qu'une chatte donne naissance à un ou plusieurs chatons, puis qu'elle se repose jusqu'à 36 heures avant de finir sa mise bas. C'est ce que l'on appelle le travail interrompu. Pendant cette phase de repos, vous pouvez proposer de la nourriture et de l'eau à votre chatte.

Troisième phase

Les phases 2 et 3 s'enchaînent sans interruption. Pendant la dernière phase, la membrane et le placenta – une masse sombre – sont évacués. Ces phases se répètent pour chaque chaton de la portée. Pas d'inquiétude si la membrane ne sort pas juste après la naissance d'un chaton, il lui arrive d'être bloquée par l'arrivée du chaton suivant. Les 2 membranes seront expulsées en même temps une fois le deuxième chaton né. Il peut s'écouler 10 à 60 minutes entre chaque naissance, et une portée peut compter entre 1 et 12 chatons, avec une moyenne de 4 bébés.

Votre chatte déchirera la membrane au fur et à mesure des naissances. Elle nettoiera la gueule et le museau, découpera le cordon ombilical et mangera le placenta. Elle n'aura sûrement aucun mal à gérer seule ce processus naturel.

Ci-dessous : les mises bas se déclenchent généralement de manière naturelle et sans problème. Une mise bas à domicile est donc relativement sans danger pour votre chatte, tant que vous en surveillez le déroulement.

Lors d'une mise bas qui se déroule bien, il peut parfois s'écouler jusqu'à 1 heure entre la naissance de 2 chatons.

NAISSANCES MULTIPLES

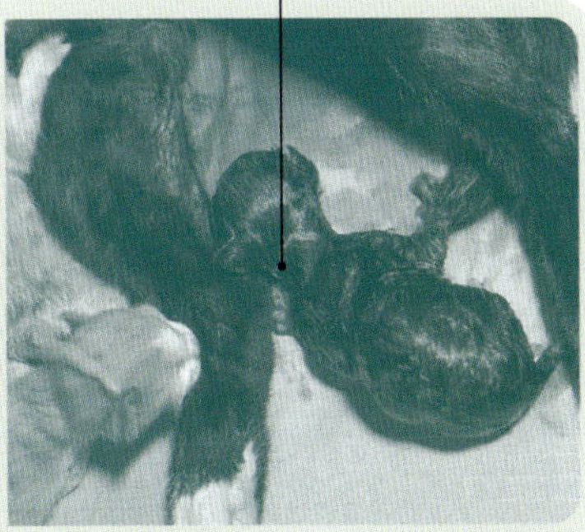

Surveillez votre chatte et ses petits jusqu'à ce que tous les chatons soient nés, et n'intervenez que si cela vous semble absolument nécessaire.

FIN DE LA MISE BAS

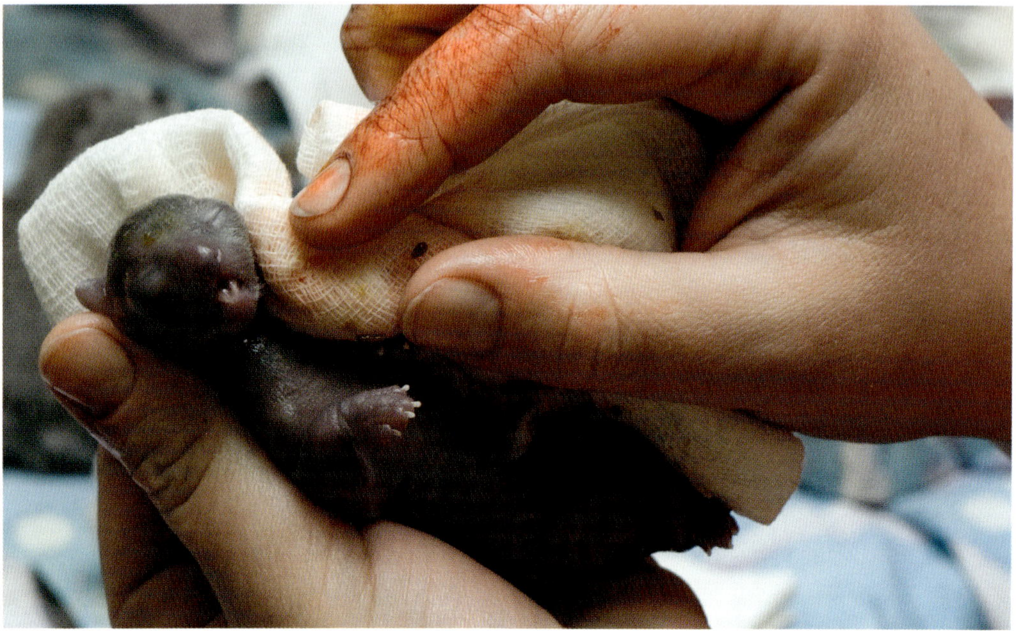

QUE FAIRE EN CAS DE PROBLÈME ?

Même si la plupart des chattes mettent bas toutes seules sans rencontrer de problèmes, il reste important que vous soyez là pour superviser la naissance en cas de complications. Comme indiqué précédemment, certaines chattes ont une mise bas interrompue, qui consiste à faire une pause allant parfois jusqu'à 36 heures avant de reprendre le travail. Dans ces cas-là, la mère est généralement détendue, elle s'alimente, s'hydrate, et nourrit ses petits. Si le temps se fait long et que votre chatte est stressée, peut-être qu'il y a un problème.

Pendant une mise bas, l'effort peut être intense mais vous pourrez voir que la naissance progresse et votre chatte n'aura pas l'air de souffrir. Si elle est en travail, mais que rien ne se passe, il y a peut-être quelque chose qui gêne le passage. Si votre chatte halète, miaule ou semble perturbée, voire épuisée, vous

Ci-dessus : si votre chatte n'a pas bien dégagé les voies respiratoires d'un chaton, prenez un linge propre pour délicatement retirer ce qu'il lui reste sur le museau et la gueule.

pouvez tâter la zone périnéale sous la queue pour sentir si un chaton est dans le bassin. Si vous ne sentez rien au niveau de la vulve, appelez le vétérinaire pour demander conseil. Si, au contraire, vous voyez un chaton au niveau la vulve, sa survie dépend de la rapidité de son expulsion. À moins qu'un vétérinaire puisse très rapidement venir sur place, le mieux est de passer à l'action vous-même.

Si votre chatte a arrêté de pousser, mais qu'un chaton se présente au niveau de la vulve dans le bon sens (tête la première), vous pouvez retirer la membrane pour lui dégager les voies respiratoires. Une fois la gueule et le museau propre, sortez délicatement le chaton en veillant à rester dans l'alignement du vagin, donc vers le bas.

QUE FAIRE SI UN CHATON SE PRÉSENTE PAR LES PATTES

Si au lieu de voir une tête sortir de la vulve, ce sont une queue et des pattes qui apparaissent, il faut agir vite.

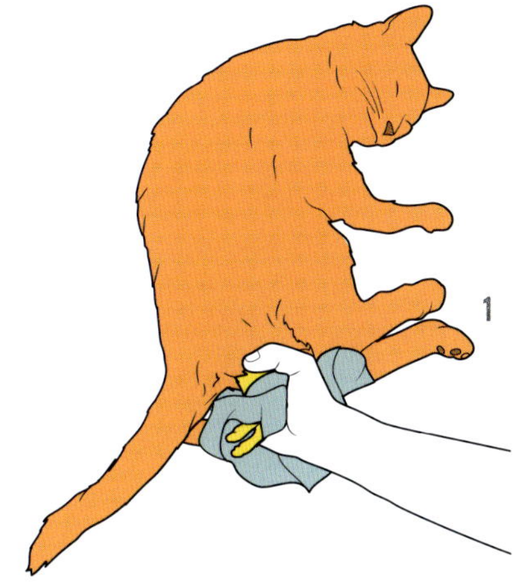

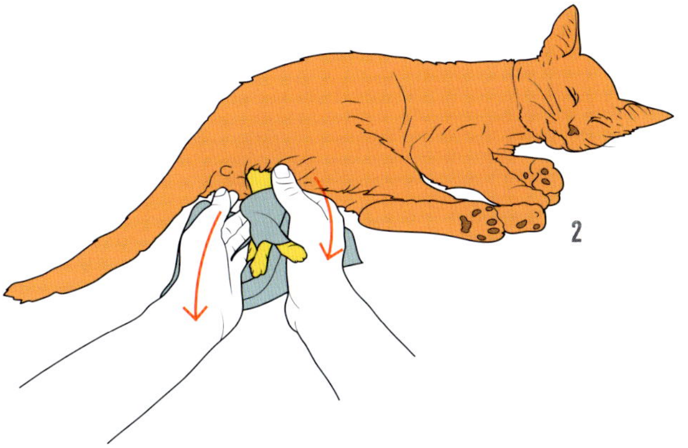

1 Utilisez du papier absorbant pour mieux agripper le chaton qui sera glissant.

2 Sortez-le délicatement, en tirant d'un côté puis de l'autre plusieurs fois de suite, toujours avec une légère inclinaison vers le bas.

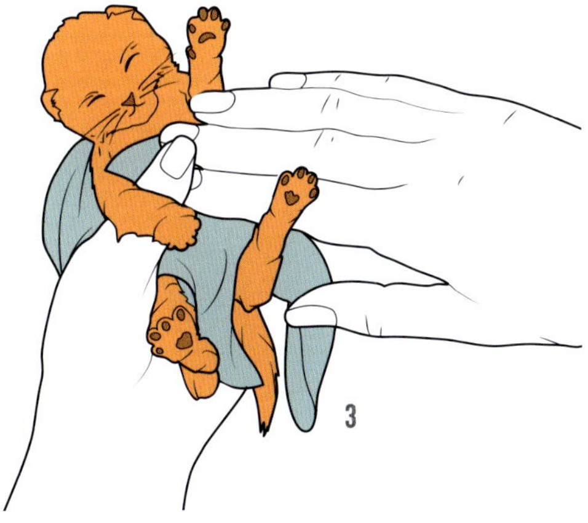

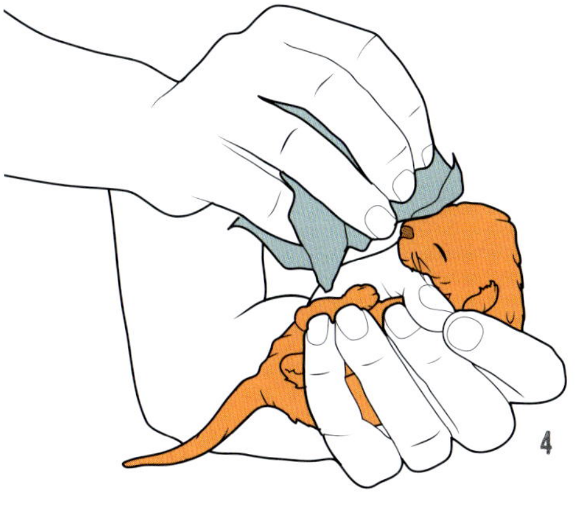

3 Placez le chaton au niveau de la tête de sa mère pour qu'elle puisse lécher la membrane. Laissez-lui un peu de temps avant d'intervenir.

4 Si besoin est, utilisez une serviette pour retirer délicatement la membrane au niveau de la gueule et du museau du chaton, et penchez-lui la tête vers le bas pour laisser le liquide s'écouler et qu'il puisse respirer.

SOINS DU NOUVEAU-NÉ

À la naissance, les chatons dépendent de leur mère pour se nourrir et maintenir leur température corporelle. Pendant cette phase, votre rôle est de soutenir la mère et ses chatons en veillant à ce qu'ils aient tout ce dont ils ont besoin.

Jusqu'à leurs 4 semaines, les chatons se nourrissent du lait de leur mère. Il est important de veiller à ce qu'ils tètent toutes les 2-3 heures parce que ce lait contient les anticorps qui leur permettront de lutter contre les maladies. Si vous pensez qu'un chaton ne s'alimente pas assez, appelez le vétérinaire.

ET APRÈS ?

Si votre chatte et ses chatons semblent en bonne santé, emmenez-les chez le vétérinaire pour un contrôle dans la semaine qui suit la naissance. Transportez les chatons avec leur mère pour qu'ils restent au chaud et ne soient pas trop stressés.

Pendant leurs premières semaines de vie, les chatons passeront plusieurs heures par jour à se nourrir, et dépendent entièrement du lait de leur mère, qui s'allongera sur le côté pour les laisser téter. Veillez à donner assez de nourriture, d'eau et d'attention à votre chatte. Au bout de 4 semaines, les chatons vont commencer à imiter leur mère et aller faire leurs besoins dans le bac à litière. C'est aussi à cet âge qu'ils vont se sevrer pour passer à une alimentation solide.

Ci-dessous : dans les premiers temps, essayez de déranger le moins possible votre chatte et ses chatons. Veillez juste à ce qu'ils restent en bonne santé sans pour autant intervenir physiquement.

SOINS POSTNATALS DE VOTRE CHATTE ET DES NOUVEAU-NÉS

Créez un environnement qui permet aux nouveau-nés de rester en bonne santé. Vous devez régulièrement contrôler comment ils vont et n'intervenir que si nécessaire.

1 La boîte que vous mettez à disposition doit être assez grande pour accueillir la mère et ses petits. Tapissez la boîte de serviettes propres et changez-les régulièrement.

2 Mettez la boîte dans un endroit calme de la maison, loin des autres membres de la famille et des autres animaux. Laissez la porte de la pièce fermée et faites le moins de bruit possible.

3 Le froid est mortel pour les chatons, faites donc bien attention à ce que la température de la pièce soit comprise entre 20 et 23 °C.

4 Essayez de n'intervenir que si cela est nécessaire. Après la mise bas, votre chatte sera fragile et si vous lui empruntez ses chatons avant qu'elle ne soit prête, cela pourrait la stresser autant que ses petits. Approchez-vous délicatement et lentement de la portée et adaptez vos mouvements aux réactions de votre chatte.

5 Surveillez les chatons en les observant et en vérifiant que tous trouvent bien une mamelle à téter toutes les 2-3 heures.

6 N'oubliez pas d'emmener votre chatte et ses petits chez le vétérinaire tous ensemble pour leur premier contrôle de santé dans la semaine qui suit la naissance.

SOINS POSTNATALS DE VOTRE CHATTE

En plus des chatons, surveillez aussi attentivement votre chatte. Les problèmes de santé postnatals chez la mère sont rares, mais existent quand même. On retrouve notamment :

- **La mammite** : si les glandes mammaires de votre chatte sont gonflées, inflammées ou décolorées, ou bien que les chatons ne prennent pas de poids comme ils le devraient, emmenez-la chez le vétérinaire dès que possible.

- **L'hypocalcémie** : si votre chatte est agitée, raide, faible, irritable, hypersensible au toucher ou aux sons, ou à des spasmes musculaires, cela peut être le signe que son taux de calcium est trop bas. Emmenez-la chez le vétérinaire dès que possible.

- **L'endométrite** : si le vagin sécrète du pus, ou que vous en trouvez sur les poils au niveau des parties génitales, cela peut indiquer que votre chatte souffre d'une inflammation des parois utérines. Emmenez-la dès que possible chez le vétérinaire s'il y a du pus, une perte d'appétit, des signes de faiblesse, des vomissements, des diarrhées, une hydratation excessive, ou des signes de dépression ou de léthargie.

NOTE :

Il y a des chances pour que votre chatte et ses chatons se portent très bien sans avoir à intervenir, mais il reste important que vous ayez connaissance des problèmes qui peuvent survenir.

RÉANIMATION D'UN NOUVEAU-NÉ

Si vous devez réanimer un chaton qui ne respire pas, retirez d'abord la membrane de son museau et de sa gueule et basculez-lui la tête en avant pour laisser les liquides s'écouler.

Si le cordon ombilical est encore intact, déchirez-le avec les doigts (pour imiter la chatte qui le mâchouille), en tenant bien l'extrémité à laquelle est relié le chaton pour ne pas accidentellement lui tirer dessus.

Ci-contre : savoir comment venir en aide à un nouveau-né en détresse peut être une question de vie ou de mort.

FAIRE DU BOUCHE-À-BOUCHE À VOTRE CHATON

NOTE :

Si après avoir suivi les différentes étapes indiquées sur la droite, le chaton ne respire toujours pas, appelez le vétérinaire pour obtenir des conseils.

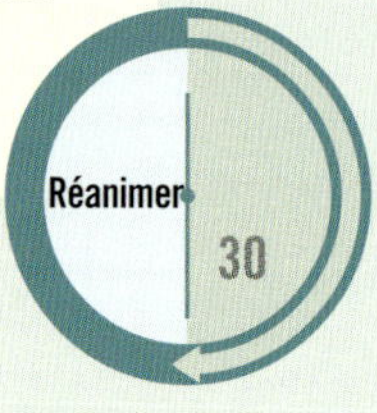

- Si les voies respiratoires sont dégagées, le vétérinaire vous conseillera peut-être de faire du bouche-à-bouche.
- Dans ce cas, vous devrez souffler très doucement dans les (minuscules) poumons du chaton.
- Une paille peut s'avérer utile pour ne pas envoyer trop d'air dans les poumons du chaton.
- Vous pouvez essayer de réanimer un chaton pendant les 30 minutes qui suivent sa naissance ; si vous habitez près d'un cabinet vétérinaire, appelez-le et demandez si vous pouvez y amener le chaton.

RÉANIMER UN NOUVEAU-NÉ

Si le chaton ne respire toujours pas, il a peut-être du liquide coincé dans les voies respiratoires. Pour l'évacuer :

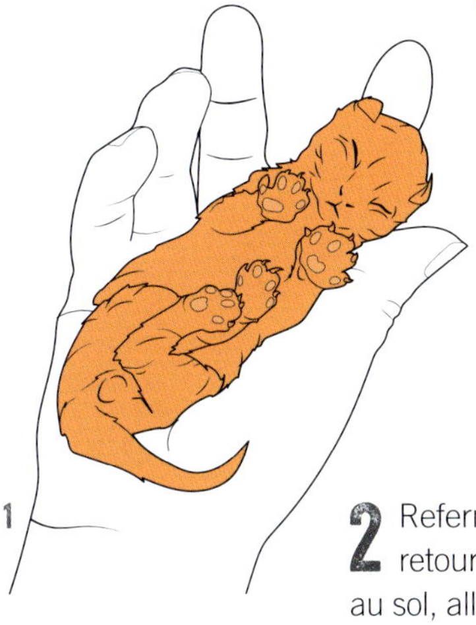

1

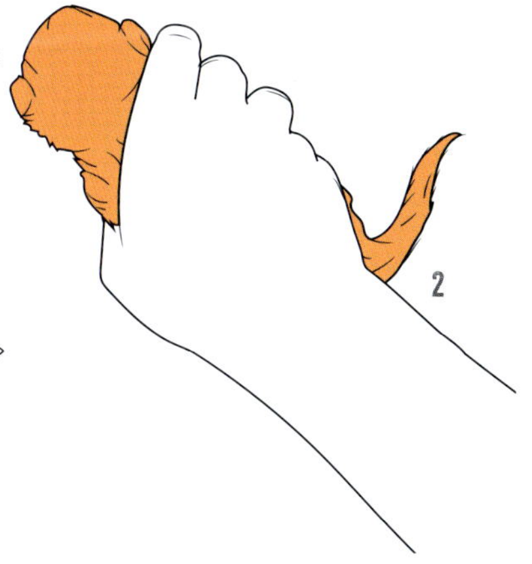

2

1 Mettez le chaton dans votre paume de manière à soutenir son cou entre l'index et le majeur.

2 Refermez délicatement la main sur lui, retournez-la pour avoir la paume face au sol, allongez le bras et balancez très doucement la main. Cette technique peut aider à évacuer des liquides et stimuler la respiration. Agissez toujours très précautionneusement pour ne pas blesser le chaton.

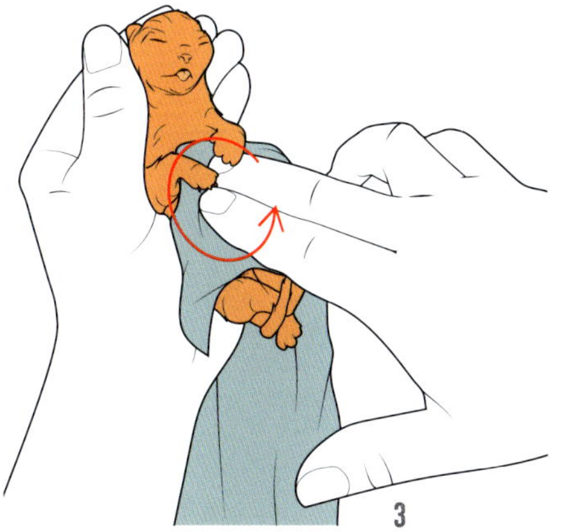

3

3 Retirez ensuite les dépôts au niveau du museau et de la gueule du chaton, puis caressez et frottez doucement son abdomen. S'il commence à respirer, continuez de le frotter délicatement avec une serviette pour le sécher.

NOTE :

Les nouveau-nés doivent absolument rester bien au chaud, et c'est généralement la mère qui y veille en restant collée à eux. Si ce n'est pas le cas, vous pouvez leur mettre une bouillotte chaude (mais pas brûlante) bien enveloppée dans une couverture.

FABRIQUER UNE COLLERETTE VÉTÉRINAIRE

La collerette (surnommée « carcan » ou « collerette de la honte ») est un moyen simple et efficace pour empêcher votre chat d'atteindre et lécher ses plaies.

Il risque de ne pas beaucoup l'aimer et essayera sûrement de faire tout ce qu'il peut pour s'en débarrasser, alors soyez paré au cas où il faudrait une collerette de secours.

Ci-dessous : pour ajuster une collerette, assurez-vous qu'elle tient bien sans pour autant être gênante : vous devez pouvoir y passer 2 doigts.

FABRIQUER UNE COLLERETTE DE SECOURS

En cas d'urgence, si vous n'avez pas de collerette sous la main, vous pouvez en fabriquer une vous-même.

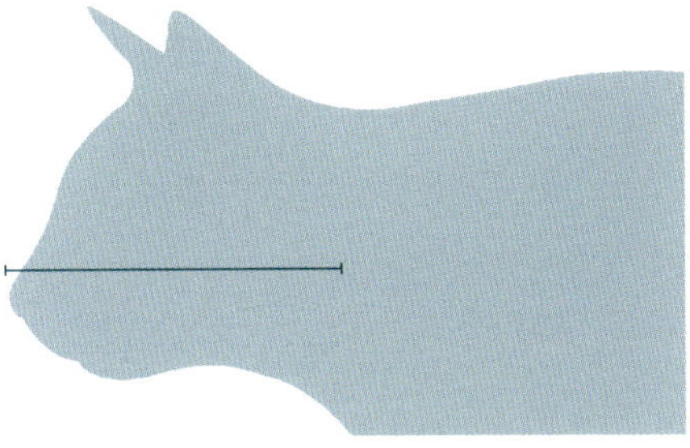

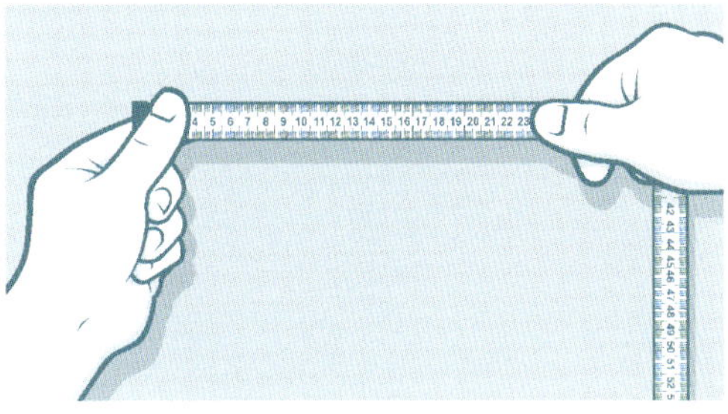

1 Pour que la collerette soit de la bonne longueur : mesurez votre chat de la base du cou au bout du museau et ajoutez 2-3 cm au résultat obtenu.

2 Pour le diamètre : mesurez le tour de cou de votre chat et ajoutez 1,27 cm au résultat obtenu.

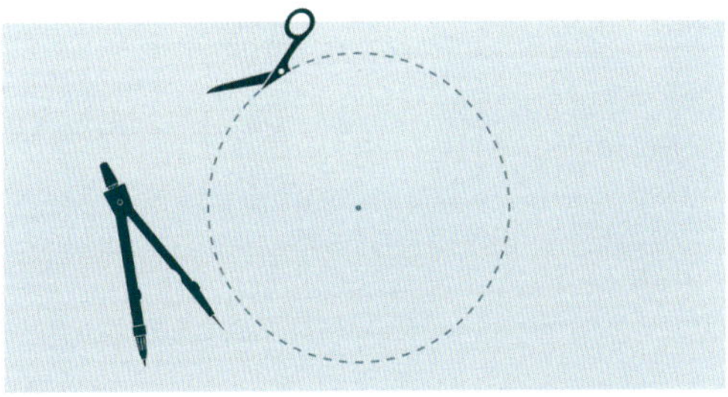

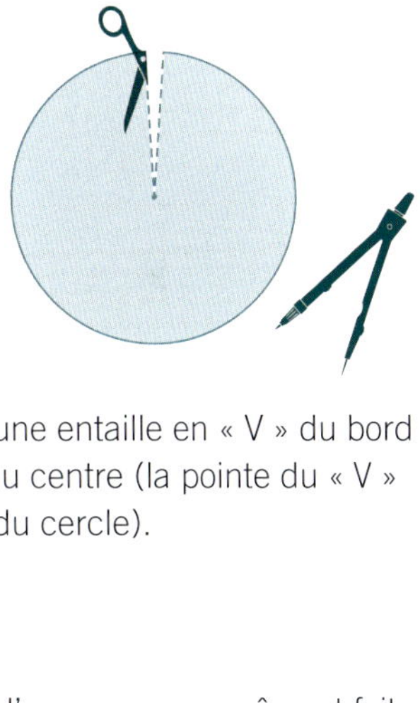

3 Tracez un premier cercle au compas, réglé à la mesure obtenue à l'étape 1, sur du carton et découpez-le.

4 Faites une entaille en « V » du bord jusqu'au centre (la pointe du « V » au centre du cercle).

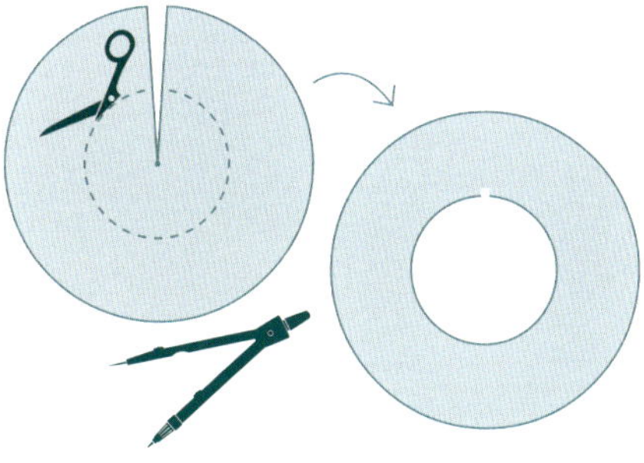

5 Réglé l'écartement du compas à la mesure obtenue à l'étape 2, tracez ce cercle plus petit bien au centre du premier et découpez-le.

6 Roulez l'anneau en un cône et faites plusieurs trous espacés d'un bon centimètre de part et d'autre des extrémités qui se rejoignent. Passez un ruban dans les trous pour lier les 2 côtés ensemble, enfilez la collerette sur votre chat et nouez solidement le ruban.

CAISSE DE TRANSPORT D'URGENCE

Si vous n'avez pas de caisse de transport et que vous devez emmener en urgence votre chat chez le vétérinaire, il y existe des solutions de dépannage.

Il est toujours mieux d'emmener votre chat chez le vétérinaire dans une caisse de transport faite pour, mais en cas d'urgence, il est possible d'improviser.

Ci-dessous : si vous transportez votre chat dans une boîte, vérifiez que celle-ci est bien ventilée et bien fermée, pour que votre chat ne puisse pas en sortir ou tomber par en dessous.

NOTE :

Si vous vivez avec un chat, la caisse de transport est un indispensable, autant pour les situations d'urgence que pour les contrôles de routine chez le vétérinaire. N'allez pas au cabinet avec votre chat dans les bras. Plus d'informations sur les caisses de transport en page 75.

TYPES DE CAISSE DE TRANSPORT

Peu importe la caisse, pensez à vérifier qu'elle est bien fermée (votre chat va sûrement vouloir en sortir) et bien ventilée.

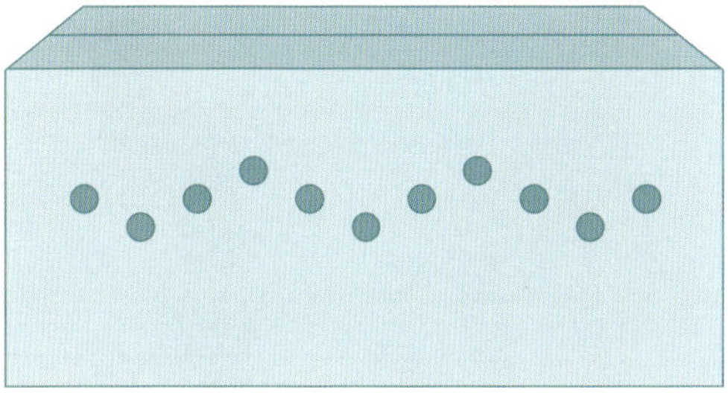

Ci-dessus : que vous optiez pour une boîte ou un sac ventilé, mettez-y une couverture de son panier ou un de vos pulls pour que votre chat, qui est sûrement stressé, s'y sente à bien.

- Une grosse boîte en carton percée sur les côtés. Vérifiez que le fond est bien scotché et que la boîte est assez solide pour résister au poids de votre chat. Si vous optez pour une boîte en carton, pensez toujours à la soutenir par le dessous.

- Une grosse boîte de rangement en plastique avec le couvercle percé.

- Un sac de transport bien ventilé avec un fond solide. Ces sacs sont généralement faits avec des matières qui respirent (comme le nylon) et des parties en tissus ajourés pour permettre à l'air de circuler. N'utilisez pas de sac étanche, à moins d'être prêt à y faire des trous pour que votre chat puisse bien respirer.

Que vous optiez pour une boîte ou un sac, vérifiez qu'il y a assez de place pour que votre chat puisse s'y allonger et que le fond est assez rigide pour le protéger et qu'il s'y sente à l'aise. Si vous transportez votre chat en voiture, attachez la caisse de transport à l'arrière avec une ceinture de sécurité et contrôlez régulièrement qu'il a bien assez d'air.

URGENCE

- En tous derniers recours si vous n'avez rien d'autre à portée de main, mettez votre chat dans une taie d'oreiller en coton assez fin pour qu'il puisse respirer, et nouez-la au niveau de l'ouverture.
- Mettez la taie d'oreiller à l'abri dans un panier ou une boîte sans couvercle pour éviter que votre chat ne se libère ou ne se blesse davantage dans la taie.

NOTE :

Recouvrez le fond de la caisse de serviettes pour que votre chat puisse uriner. Si vous optez pour une boîte en carton ou un sac non étanche, tâchez de recouvrir le fond avec un sac en plastique. Ne mettez pas toute la caisse dans un sac en plastique sinon l'air ne pourra plus circuler correctement.

FAQ VÉTÉRINAIRE

Les chatons peuvent être castrés ou stérilisés à partir de 4 mois.

QUELS SONT LES AVANTAGES DE LA STÉRILISATION/CASTRATION ?

Stérilisation ou castration sont synonymes d'opération et donc de risques liés à l'anesthésie. Malgré tout, les avantages l'emportent généralement sur les risques, à commencer par la réduction des chances de développer un cancer en vieillissant ou des infections utérines graves. La stérilisation élimine aussi tous les risques liés à la gestation et à la mise bas. Ces opérations ne changent pas la personnalité d'un chat, mais peuvent par contre faire disparaître des comportements gênants comme l'agressivité et les fugues. Les refuges pour animaux étant déjà surpeuplés, si vous ne voulez pas vous retrouver avec des chatons à la maison, il est conseillé de faire stériliser ou castrer votre chat. Si votre chat fait du diabète ou est épileptique, la stérilisation ou la castration permettront d'atténuer les fluctuations hormonales, qui peuvent interagir avec les médicaments.

À QUEL ÂGE MON CHAT PEUT-IL SE FAIRE STÉRILISER/CASTRER ?

Contrairement au mythe qui circule, inutile d'attendre qu'une chatte ait eu une portée avant de la faire stériliser, ce n'est ni nécessaire ni bénéfique pour elle. Les chatons doivent être castrés ou stérilisés vers l'âge de 4 mois.

À QUELLE FRÉQUENCE MON CHAT DOIT-IL SE FAIRE VACCINER ?

Les chatons sont généralement vaccinés contre les maladies courantes à 9 semaines, puis à 12 semaines. Après ces premiers vaccins, vous devez emmener votre chat chez le vétérinaire pour sa consultation vaccinale annuelle. S'il ne s'est jamais fait vacciner ou n'a pas eu de vaccins dans les 15 derniers mois, emmenez-le chez le vétérinaire pour discuter des vaccins dont il a besoin.

Les premiers vaccins permettent de protéger votre chat contre le typhus du chat, l'herpèsvirus félin, la calicivirose féline, la chlamydophilose féline et la leucémie féline.

FAUT-IL QUE JE FASSE RETIRER LES GRIFFES DE MON CHAT ?

Sauf s'il s'agit d'une nécessité d'ordre médical, il ne faut pas faire enlever les griffes d'un chat. Les chats ont naturellement besoin de faire leurs griffes. Cela leur permet de marquer leurs territoires et d'avoir des griffes en bonne santé pour grimper et se bagarrer. L'ablation des griffes est un acte extrêmement douloureux qui peut entraîner des complications comme des douleurs dorso-lombaires et des changements de comportement : morsure, agressivité, et défécations intempestives. Pour empêcher votre chat de faire ses griffes sur du mobilier, mettez-lui des griffoirs et des boîtes en carton à disposition, et récompensez-le quand il s'en sert. Si les griffes sont vraiment un problème, vous pouvez les faire couper par un vétérinaire, voire le faire vous-même (voir page 24).

FAUT-IL QUE JE LAISSE SORTIR MON CHAT ?

Laisser son chat sortir ou non est une question qui fait débat. Aller dehors contribue au bien-être du chat, car cela lui permet d'adopter des comportements naturels – explorer, grimper, socialiser avec d'autres chats et chasser –, de rester en forme, et d'avoir une bonne stimulation mentale. Mais l'extérieur est aussi rempli de dangers comme la circulation routière ou les bagarres avec les autres chats. Les félins qui sortent ont aussi plus de chances d'attraper des maladies et des parasites, sans oublier qu'ils ont un impact négatif considérable sur la faune sauvage, notamment sur les oiseaux (même si les colliers à clochettes permettent d'enrayer un peu ce problème). Si vous ne savez quoi faire, parlez-en à votre vétérinaire pour lui exposer la situation.

L'ablation des griffes peut entraîner des problèmes de santé et ne doit être faite qu'en cas de raisons médicales avérées. Il s'agit d'une pratique illégale dans plusieurs pays.

Veillez à ce que les griffes de votre chat soient régulièrement coupées.

Donnez à votre chat de quoi se faire les griffes : un griffoir ou un carton, par exemple.

MON CHAT DÉTESTE ALLER CHEZ LE VÉTÉRINAIRE : QUE DOIS-JE FAIRE ?

Essayez d'habituer votre chat à aller dans sa caisse de transport en la laissant sortie le plus souvent possible. Le but est que votre chat voit sa caisse comme un endroit sûr et ludique. Mettez-y une couverture, des friandises et faites-le jouer dedans pour qu'il s'y habitue. Pour rendre les trajets moins stressants, vous pouvez pulvériser des phéromones dans la caisse, et n'hésitez pas à y mettre une couverture ou une serviette pour la rendre plus confortable, voire un vieux pull pour donner à la caisse une odeur familière et réconfortante. Enfin, si vous en avez la possibilité, allez chez un vétérinaire réservé aux chats – qui aura une salle d'attente adaptée aux félins –, ou bien cherchez un vétérinaire à domicile.

À QUELLE FRÉQUENCE FAUT-IL QUE J'EMMÈNE MON CHAT CHEZ LE VÉTÉRINAIRE ?

Un chaton doit aller chez le vétérinaire plusieurs fois pour ses premiers vaccins. Un chat adulte en bonne santé et avec des vaccins à jour doit y aller une fois par an pour un contrôle de routine. Et, si votre chat souffre d'une maladie chronique, il peut avoir besoin de s'y rendre plus fréquemment.

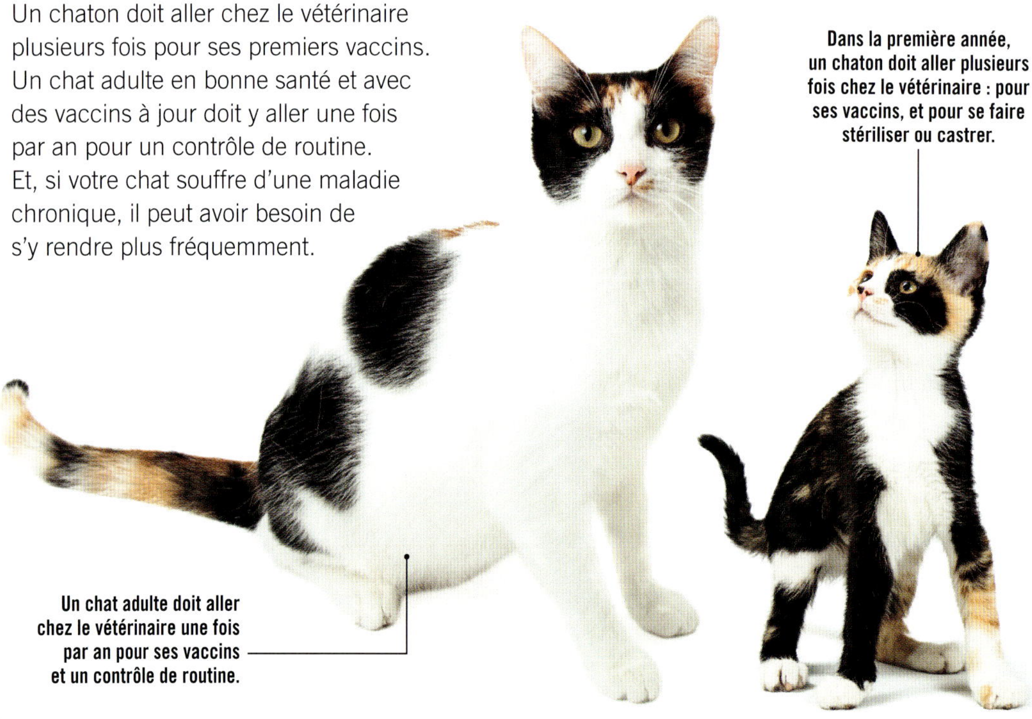

Dans la première année, un chaton doit aller plusieurs fois chez le vétérinaire : pour ses vaccins, et pour se faire stériliser ou castrer.

Un chat adulte doit aller chez le vétérinaire une fois par an pour ses vaccins et un contrôle de routine.

MON CHAT DOIT-IL SE FAIRE MICROPUCER ?

Si votre chat venait à se perdre ou à s'éloigner de la maison, la micropuce est sûrement le meilleur moyen de le retrouver.
Une micropuce est une puce électronique de la taille d'un grain de riz qui contient les informations pour joindre le propriétaire d'un chat. Elle est insérée sous la peau de l'animal et a une durée de vie illimitée. Si on retrouve votre chat, le vétérinaire ou le refuge local pourra lire la puce et retrouver vos informations. Une fois la micropuce posée par injection, il vous suffit de bien mettre à jour vos informations (numéro de téléphone, adresse, et contacts en cas d'urgence).

QUE FAIRE QUAND ON TROUVE UN CHAT ERRANT ?

Si vous trouvez un chat sauvage ou errant blessé, appelez la mairie de la commune ou la ville où vous l'avez trouvé. Si le chat est agressif ou asocial, n'essayez pas de l'attraper à mains nues et optez plutôt pour un piège à animaux. N'oubliez pas de désinfecter la caisse de transport après utilisation. Si vous trouvez un chat blessé gentil et qui semble appartenir à quelqu'un, faites très attention en vous approchant de lui et en le manipulant (voir page 70). Si vous pouvez l'emmener chez le vétérinaire ou une association de protection des animaux (il faut cependant éviter la SPA dont les refuges sont souvent saturés) en toute sécurité dans une caisse, faites-le. Il pourra être examiner et ses propriétaires seront plus vite retrouvés. Si vous n'avez pas de quoi transporter le chat, appelez le service local de protection des animaux qui saura vous conseiller et vous orienter.

CE CHAT APPARTIENT-IL À QUELQU'UN ?

Quelques pistes pour savoir si un chat a un propriétaire :

- Si le chat porte un collier, regardez si des coordonnées y sont inscrites.
- Emmenez le chat chez le vétérinaire pour lire sa micropuce, s'il en a une.
- Interrogez le voisinage dans la zone où vous avez trouvé le chat.
- Postez une photo sur les réseaux sociaux et demandez aux habitants locaux de la partager.
- Distribuez une annonce avec une photo, une description et vos coordonnées dans le quartier.
- Regardez dans le journal ou sur les réseaux sociaux pour voir si on recherche un chat perdu dans les environs.

MON CHAT FAIT SES BESOINS À CÔTÉ DU BAC À LITIÈRE – QUE PUIS-JE FAIRE ?

Plusieurs raisons peuvent expliquer pourquoi votre chat fait ses besoins à côté de son bac à litière. Si vous les retrouvez juste à côté du bac, peut-être que votre chat rentre bien dans sa litière mais que celle-ci est trop petite. Pour avoir assez de place, un bac doit mesurer une fois et demi la taille du chat, et 3 fois sa largeur.

L'idéal est de mettre le bac à litière de votre chat dans un endroit calme, loin du bruit et de l'agitation, et éloigné de ses gamelles d'eau et de nourriture. Si vous avez plusieurs chats, chacun doit avoir sa propre litière. Comme les chats n'aiment pas faire leurs besoins dans une litière sale, pensez à retirer les parties souillées tous les jours. Lavez le bac et changez la litière au besoin – comptez environ 5-8 cm de litière.

Si le bac est grand, mais que votre chat se met juste au bord pour faire ses besoins, il n'aime peut-être pas la litière utilisée. Proposez-lui un autre bac avec une autre litière pour voir laquelle il préfère.

Si votre chat est constipé, il essayera sûrement d'aller faire ses besoins, mais finira par abandonner et partir, il se peut alors qu'il défèque en chemin. Si vous pensez que votre chat est constipé, emmenez-le chez le vétérinaire pour discuter des causes potentielles de cette constipation.

Si vous avez un chat âgé ou très âgé, mettez-lui un bac moins haut et plus grand pour qu'il puisse y entrer et en sortir facilement.

Si votre chat va souvent dans sa litière sans y faire ses besoins, ou s'il les fait loin de son bac, emmenez-le chez le vétérinaire, cela pourrait être le signe d'un problème médical.

Vérifiez que le bac à litière est assez grand pour votre chat.

Achetez une litière que votre chat apprécie.

Retirez les parties de litière souillée et nettoyez le bac tous les jours.

QUE FAIRE POUR EMPÊCHER UN CHAT DE PERDRE SES POILS ?

La perte de poils est un phénomène naturel qui concerne tous les chats et qui varie selon l'alimentation, l'état de santé général, et les changements de saison (les chats ont le poil qui s'épaissit en hiver et muent avec l'arrivée des beaux jours). Comme il est impossible d'empêcher ce phénomène, la meilleure chose à faire pour le contrôler et ne pas en avoir partout est de brosser votre chat régulièrement : une fois par semaine, voire tous les jours.

NOTE :

Si vous trouvez que votre chat perd beaucoup plus de poils que d'habitude, emmenez-le chez le vétérinaire. Cette perte de poils excessive pourrait être due à un problème de santé, comme des parasites ou une alimentation mal adaptée.

Habituez votre chat à se faire brosser dès le plus jeune âge.

La perte de poils évolue au rythme des saisons.

4

ANNEXES

RÉPERTOIRE DES PREMIERS SOINS

BLESSURES LÉGÈRES

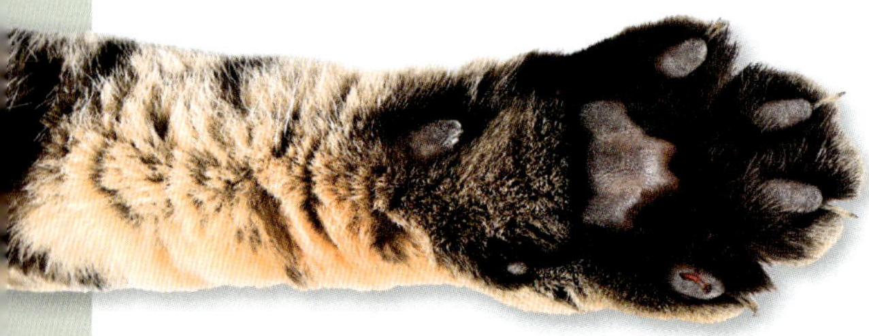

ACCIDENTS GRAVES

NOTE :

Si vous avez le moindre doute concernant la santé de votre chat, appelez tout de suite le vétérinaire pour lui demander conseil.

GLOSSAIRE

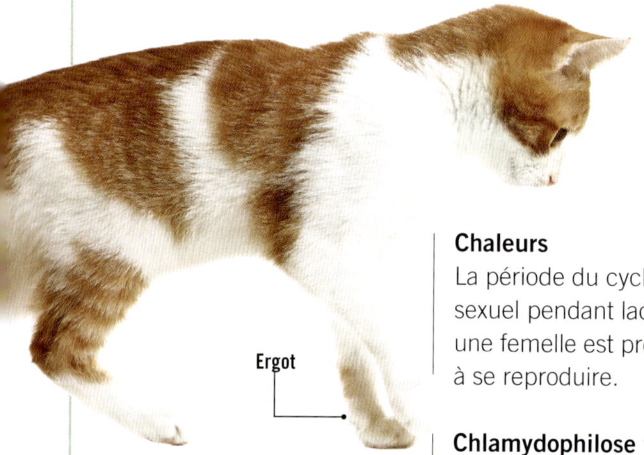

Abcès
Une zone de tissus gonflée et remplie de pus.

Arrêt cardiaque
Cœur qui n'arrive plus à propulser efficacement le sang en direction du cerveau.

Botulisme
Intoxication alimentaire causée par la bactérie *Clostridium botulinum*, parfois présente dans les viandes et autres aliments contaminés.

Carnivore strict
Un animal qui a besoin d'une alimentation principalement carnée.

Castration
Opération chirurgicale consistant à retirer les testicules des chats.

Chaleurs
La période du cycle sexuel pendant laquelle une femelle est prête à se reproduire.

Chlamydophilose féline
Une infection bactérienne très contagieuse causée par *Chlamydophila felis* qui touche les yeux.

Collerette
Accessoire de protection qui se porte autour du cou pour empêcher le chat de lécher ses plaies.

Cryptococcose
Une infection fongique causée par des champignons de type levure.

Démarche
La façon dont un chat se déplace.

Endométrite
Inflammation des muqueuses utérines.

Ergot
Doigt sur les pattes avant du chat qui se situe plus haut que les autres doigts.

État de choc
Une condition critique causée par une circulation sanguine trop faible.

Fréquence respiratoire
Le nombre de respirations par minute.

Gamelle anti-glouton
Un jouet qui distribue de la nourriture et stimule l'intellect.

Ganglion lymphatique
Amas en forme de haricot qui filtre le liquide lymphatique, un élément essentiel du système immunitaire.

GSCF (gingivo-stomatite chronique féline)
Maladie buccale qui entraîne des ulcères douloureux au niveau des gencives et des muqueuses buccales.

Herpèsvirus félin
Un virus très contagieux qui entraîne des infections respiratoires.

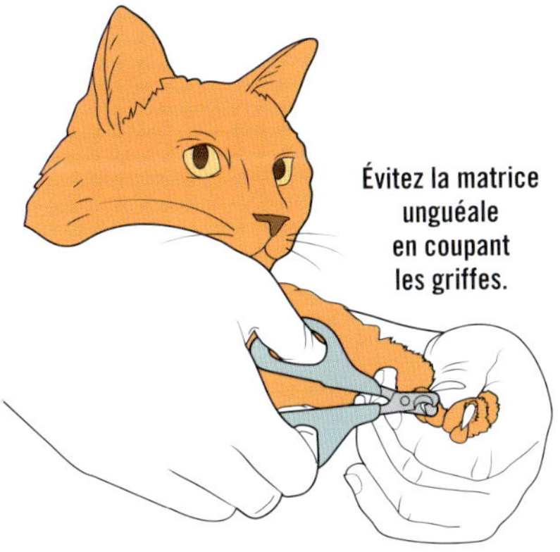

Hypocalcémie
Carence en calcium.

Infection urinaire
Une maladie qui touche la vessie et l'urètre.

Lésion
Une zone de tissus abîmés.

Mammite
Une infection de la glande mammaire.

Matrice unguéale
Partie innervée qui s'arrête au milieu de la griffe.

Miaulement de fertilité
Un miaulement rauque qui indique souvent que la chatte est en chaleur.

Micropuce
Une petite puce électronique contenant les coordonnées du propriétaire, que l'on insère sous la peau du chat.

Organe de Jacobson
Un organe situé au niveau du palais qui joue un rôle dans l'odorat.

Peau du cou
Zone de peau lâche au niveau de la nuque, juste derrière les oreilles.

Plaie perforante
Une blessure causée par un objet tranchant qui traverse la peau.

Pupilles dilatées
Pupilles plus larges qu'en temps normal.

Rage
Une maladie virale dont souffrent les mammifères et qui peut se transmettre par les fluides corporels.

Réanimation
Les différentes techniques utilisées pour réanimer un chat évanoui ou mort.

Solution saline
Un mélange d'eau et de sel pour nettoyer les plaies.

Stérilisation
Opération chirurgicale consistant à retirer les ovaires et l'utérus des chattes.

Toxoplasmose
Maladie causée par le parasite *Toxoplasma gondii*.

Traumatisme
Douleur ou choc émotionnel à la suite d'un accident ou toute autre expérience traumatisante.

Typhus du chat
Un virus très contagieux qui entraîne des gastro-entérites graves.

Vaccin
Traitement contenant une substance pour stimuler les anticorps et immuniser contre une maladie.

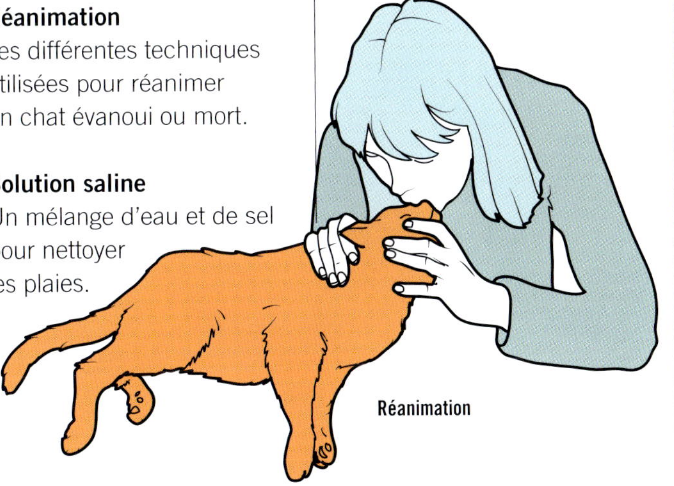

Réanimation

INDEX

INDEX

REMERCIEMENTS DE L'AUTEURE

J'aimerais remercier ma famille de Montserrat pour le réconfort et l'enthousiasme réel qu'elle a manifestés tout au long de l'écriture de ce livre. Je suis particulièrement reconnaissante envers Luke Jones, qui a été sans cesse à mes côtés à m'approvisionner en tasses de thé du début à la fin. Merci à ma mère, Jo, ma soeur, Jina, et mon frère, Julian, pour leurs encouragements chaleureux à poursuivre mon rêve d'enfant de devenir une écrivaine. Merci aussi à Ellen Hardy de m'avoir donné la chance d'entrer dans le monde éditorial vétérinaire. Enfin, merci à l'équipe éditoriale de Quarto, en particulier à Sally McCallum et Angela Spar, les vétérinaires très professionnelles qui ont vérifié la précision de mon texte et que les conseils donnés étaient sensés et à jour.

CRÉDITS PHOTOGRAPHIQUES

L'éditeur aimerait remercier les agences suivantes d'avoir donné leur autorisation pour publier le matériel protégé par le droit d'auteur :

shutterstock.com
Happy Author : 3, 64, 86, 137 ; KDdesignphoto : 4, 10 1 ; Constantin Iosif : 5, 149, 157 ; PolinaBright : 6 ; New Africa : 6, 66, 105 ; Ondacaracola : 7 ; Beatriz Vera : 7, 62 ; Sonsedska Yuliia : 9, 21, 24, 143, 160, 184 ; Alexander_P : 12, 14, 15, 59, 60, 126, 150 ; gritsalak karalak : 13 ; KOKTARO : 13, 16, 131, 141, 142 ; Chris Soucy : 14 ; Robynrg : 15 ; Elisa Putti : 16 ; oksana2010 : 16 ; tranac : 16 ; Kucher Serhii : 17 ; Margo Harrison : 17 ; Rainer Lesniewski : 18 ; Csaba Vanyi : 19 ; Maryia_K : 19 ; zawafoto : 19 ; yod67 : 21, 22, 49, 59, 68, 69, 88, 95, 97, 99 ; Picsfive : 21, 88 ; Abigail Crawford : 22 ; Sergii Baibak : 22 ; ekkapon : 22, 40 ; Pongsak A : 23 ; Toa55 : 23 ; TungCheung : 23 ; Elya Vatel : 24 ; MyImages – Micha : 24, 31, 83 ; Africa Studio : 26, 31, 36, 38, 75, 90, 140, 145, 151, 159, 180, 187 ; Maximilian100 : 27 ; metha1819 : 27 ; Studio Ayutaka : 27 ; Benjamin Simeneta : 28 ; Gabbmiester : 28 ; Kasefoto : 28 ; Pavel Vinnik : 28, 39 ; Agata Kowalczyk : 29 ; jessjeppe : 29 ; Suzanne Tucker : 30, 119 ; Nils Jacobi : 30, 149, 152, 177, 179 ; Antonsov85 : 30, 83 ; Eric Isselee : 31, 34, 35, 91, 93, 153, 159 ; Krissi Lundgren : 32 ; Lux Blue : 32 ; Guitarfoto studio : 33 ; shymar27 : 33 ; Usacheva Ekaterina : 34 ; eremeevdv : 35 ; cynoclub : 36, 50, 99, 134 ; Dora Zett : 37 ; Okssi : 38, 152 ; Mark_KA : 39, 55 ; Sergiy Kuzmin : 40 ; Jiri Hera : 40, 44 ; cristi180884 : 41 ; Mark stock : 41, 45, 48, 61, 63, 65, 72, 77, 89, 93, 98, 115, 117, 118, 121, 122, 123, 124, 127, 128, 129, 133, 134, 136, 137, 139, 140, 147, 141, 142, 148, 149, 152, 154, 161, 164, 181 ; Dennis van de Water : 42 ; Yatsenko Alexey : 43 ; ElenaShow : 43, 103, 150, 173 ; Ermolaev Alexander : 44, 52, 64, 69, 78, 80, 93 ; atiger : 45 ; Sari ONeal : 45 ; Isis Medri : 46 ; Todorean-Gabriel : 46, 48, 145 ; nevodka : 46, 92, 177 ; Francesco Scotto di Vetta : 47 ; Usagi-P : 47 ; Vera Larina : 47 ; Vitalij Martynko : 47 ; Chanisa Ketbumrung : 48 ; Mariyana M : 49 ; Sandra Huber : 49, 67 ; studiovin : 49, 68, 69, 95, 97, 105 ; Konstantin Aksenov : 52 ; Denis Val : 53, 100 ; PRESSLAB : 54 ; Cattlaya Art : 55 ; PERLA BERANT WILDER : 55 ; Yellow Cat : 55, 124 ; ALEX S : 55, 153 ; Suradech Prapairat : 55, 153 ; prachyaloyfar : 56 ; Denis Tabler : 58 ; Steve Heap : 59 ; Akarat Phasura : 60 ; Noel V. Baebler : 60 ; elenabsl : 60, 120, 121 ; dezy : 61 ; Katho Menden : 63 ; Tom Wang : 63 ; Sviatlana Barchan : 65 ; kovalvl : 67 ; nito : 67 ; Viktoria Gavrilina : 67, 131 ; Passakorn Sakulphan : 67 ; Sanit Fuangnakhon : 67, 99 ; Gruffi : 68 ; prapass : 68 ; premkh : 68 ; 168 STUDIO : 68, 151 ; Regreto : 68, 95, 97 ; Oliver Wilde : 68, 97 ; Angelika Smile : 69, 87 ; Early Spring : 69, 87 ; Elena Elisseeva : 69, 87 ; Angel photographer : 71 ; schankz : 71, 124 ; frantic00 : 74, 178 ; Bulltus_casso : 75 ; Chomphuphucar : 77 ; Ameena Matcha : 78 ; Miroslav Pesek : 78 ; Elena11 : 79 ; Muanpare Wanpen : 79 ; Tatiana Chekryzhova : 79 ; Designua : 80 ; Maria Sbytova : 81, 162 ; Prilutskiy : 82 ; T. Den_Team : 83 ; maxsattana : 84 ; Mariia Boiko : 85 ; aperturesound : 86 ; Viktoriia Hnatiuk : 87 ; Catherine Murray : 88 ; Pakhnyushchy : 89 ; Pixel-Shot : 89, 101 ; Akifyeva S : 91 ; StockPhotoAstur : 92 ; Andriy Blokhin : 93 ; Kristi Blokhin : 95 ; PixieMe : 96 ; 135pixels : 98 ; agolndr : 99 ; Dmitriy Lukyanov : 99 ; goir : 99 ; Swapan Photography : 99 ; tanuha2001 : 99 ; alisamorus : 100 ; Levent Konuk : 102 ; Neonci : 102 ; Oleksandr Lytvynenko : 102, 162 ; Lightspruch : 103, 122 ; Alekseykolotvin : 105 ; Anton Starikov : 105 ; VAKS-Stock Agency : 106 ; Land_of_Arion : 107, 146 ; Wil Setias Dizon : 108 ; Alan LeStourgeon : 109 ; ANURAK PONGPATIMET : 109, 163 ; Maliwan Prangpan : 110 ; Susan Schmitz : 113, 178 ; Mila Moskovskaya : 114 ; g215 : 116 ; happymay : 116 ; Kachalkina Veronika : 116, 170 ; kou2341 : 118 ; PhotoStockPhoto : 118 ; Butus : 119 ; SUSAN LEGGETT : 119 ; krumanop : 123 ; Nitiphonphat : 125 ; M. Sam : 127 ; Tanakorn Akkarakulchai : 127 ; Julija Kumpinovica : 128 ; Paul_ Brighton : 128 ; supanee sukanakintr : 129 ; AnkaFed : 130 ; I am a Stranger : 131 ; Irina Kozorog : 132 ; Lethabo Joy : 133 ; PERO studio : 133 ; Tony Campbell : 135 ; DavidTB : 136 ; F_N : 138 ; Nataliia Pyzhova : 139 ; jooh : 142 ; sg19803 : 142 ; TheRocky41 : 144 ; Kalcutta : 146 ; THANYA24 : 148 ; FLUKY FLUKY : 151 ; Hanna_photo : 151 ; Tim UR : 153, 159 ; C. PIPAT : 154 ; fotofree : 155 ; Lilia Solonari : 156 ; McGraw : 156 ; Morrowind : 157 ; Tomnamon : 157 ; Natalya Chumak : 158 ; akepong srichaichana : 159 ; Artem Kutsenko : 159 ; Lucky Business : 159 ; MaraZe : 159 ; Mega Pixel : 159 ; Moving Moment : 159 ; Rob Hyrons : 159 ; Roman Samokhin : 159 ; Sivaaun : 159 ; virtu studio : 159 ; Zeeking : 159 ; AZir : 160 ; domnitsky : 160 ; Evgeny Karandaev : 160 ; kamnuan : 160 ; Richard Griffin : 160 ; MirasWonderland : 161 ; NikolaJuricPhotography : 163 ; Vetlife : 163 ; PardoY : 164, 165 ; Yuttana Joe : 164, 165 ; Kotomiti Okuma : 166 ; Leonid and Anna Dedukh : 168 ; RamonaS : 171 ; AMMLERY : 172 ; Jamesbin : 173 ; Mallinka1 : 173 ; Yulia Glam : 173 ; Lario : 174 ; tanumporn : 175 ; Anna Mitrohina : 176 ; KANOWA : 181 ; vandycan : 181 ; MelnikovS : 192 ;

gettyimages.com
Johner Images : 143

unsplash.com
Zoltan Tasi : 2 ; Kevin Knezic : 10 ; Uriel Soberanes : 105 ; Calum Lewis : 182

autre
Ru Lanaway 126.
Sam Angus (maquette graphique).

Tous les efforts nécessaires ont été mis en œuvre pour obtenir la permission de reproduire ces contenus protégés. La maison d'édition présente ses excuses en cas d'erreur ou d'omission et apportera volontiers les corrections pour les réimpressions à venir, si elle en a été informée.